יצירת סופלה שמימית

100 מתכונים טעימים לסופלה מלוחים ומתוקים, עם תמונות צבעוניות מרהיבות

רשירגנוא הנויצ

תוכן העניינים

אובמ

ברוכים הבאים לעולם הסופלה, בו תוכלו להתענג על היצירות הקלילות, הרכות והמענגות המהוות ארוחות או קינוחים מושלמות לכל אירוע. ספר הבישול הזה הוא המדריך האולטימטיבי שלך ליצירת הסופלה השמיימיים ביותר, בין אם אתה שף ותיק או טבח מתחיל.

בפנים, תמצאו 100 מתכונים מעוררי תיאבון לסופל'ו, מכל החוגים, החל מסופלי גבינה ותרד קלאסיים ועד פינוקים מתוקים כמו סופלה שוקולד ופטל. כל מתכון מעוצב במומחיות כדי להבטיח שהסופלה שלכם תופח בצורה מושלמת ובעל מרקם קטיפתי שנמס בפה.

בנוסף למתכונים, תמצאו טיפים וטריקים מועילים להכנת הסופלה המושלם בכל פעם. תמצאו גם תמונות צבעוניות מהממות של כל מתכון, כך שתוכלו לראות בדיוק איך הסופלה שלכם אמור להיראות.

בין אם אתם מארחים מסיבת ארוחת ערב או סתם מחפשים קינוח מנחם, בספר הבישול של הסופלה יש את כל מה שאתם צריכים כדי ליצור את הסופלה המושלם בכל פעם.

רקוב תחורא

1. לביבות סופלה

עושה: 2

רכיבים

- 1 ביצת חופש בינונית, מופרדת, בתוספת 1 חלבון ביצה נוסף
- 2½ כפות סוכר דק
- ½ כפית תמצית וניל
- 2 כפות חלב מלא
- 4 כפות קמח רגיל
- ¼ כפית אבקת אפייה
- ¼ כפית קרם טרטר
- חמאה לשמן
- סירופ מייפל, חמאה מלוחה ואבקת סוכר להגשה

הוראות:

a) מקציפים את החלמון, מחצית מהסוכר והוניל יחד בקערה קטנה עד לקבלת קצף חיוור.

b) מוסיפים את החלב, מערבבים עד לקבלת תערובת אחידה, ואז מנפים פנימה את הקמח, אבקת האפייה וקורט מלח ומערבבים עד להטמעה.

c) בקערה נקייה נפרדת מערבבים את החלבונים וקרם הטרטר.

d) מקציפים במיקסר ידני חשמלי לפסגות רכות.

e) מוסיפים את יתרת הסוכר וממשיכים להקציף לקצף נוקשה ומבריק.

f) מקפלים את תערובת החלמונים לתוך המרנג ב-2 תוספות בתנועות של דמות של שמונה רק עד לאיחוד - אל תערבבו יותר מדי או שתדפקו את האוויר.

g) מחממים מחבת טפלון גדולה עם מכסה על אש בינונית.

h) משמנים קלות מאוד את התבנית, ואז מכניסים פנימה כ-⅔ מהבלילה ב-2 תלוליות גדולות, מרווחות זו מזו.

i) מוסיפים למחבת 2 כפיות מים, מכסים ומנמיכים את האש לדרגה הנמוכה ביותר ומבשלים במשך 4 דקות.

j) מחלקים את יתרת הבלילה בין 2 הלביבות, מכסים שוב ומבשלים עוד 4 דקות.

k) הופכים בעדינות את הלביבות ומבשלים עוד 4 דקות.

l) מגישים מיד, בתוספת חמאה, אבקת אבקת סוכר וסירופ מייפל.

2. סופלה גבינת אדם עם בייקון

מבינה: 8 מנות

רכיבים:

BECHAMEL:

- 5 כפיות קמח
- 6 חלמונים
- קורט מלח
- 1 ¼ כוס חלב, מבושל
- קורט פלפל קאיין
- ¼ כוס חמאה
- קורט פלפל

תערובת גבינה:

- קורט מלח
- 3 אונקיות גבינת שמנת
- ¼ פאונד ברונואז קטן של בייקון
- 3 אונקיות גבינת אדם
- 8 חלבונים, מוקצפים
- 2 אונקיות חמאה

הוראות:

a) ממיסים את החמאה, מוסיפים את הקמח ומבשלים מבלי להשחים עד שהתערובת מתחילה לבעבע.

b) מוסיפים בהדרגה חלב חם תוך טריפה מתמדת. מבשלים עד שהמרקם הופך חלק וסמיך ומתחיל לרתוח. מסירים מהאש.

c) מערבבים חלמונים, מלח, פלפל וקאיין לתוך התערובת.

d) מחממים תנור ל-350F.

e) מפזרים את הפרמז'ן המגורר באופן שווה מסביב לרמקין עם חמאה. מכינים אמבט מים לסופלה ומחממים בתנור.

f) ממיסים בקערה את גבינת השמנת, החמאה וגבינת אדם. מוסיפים את בשמל לתערובת הגבינה. בעזרת מרית מקפלים את החלבונים המוקצפים הרכים לתערובת.

g) מטגנים בייקון

h) במחבת עד לפריכות. מסננים את עודפי השומן ומניחים על מגבת נייר.

i) ממלאים את הרמקין המוכן בתערובת עד למעלה. מנקים את שולי הרמקין מכל תערובת נוספת. כדי לאפות סופלה, מניחים את הרמקינים בבאן מארי למשך 15 דקות עד שהוא מתנפח 1 אינץ' מעל הרמקין. מוציאים את הסופלה מהתנור להתקרר. מניחים כפית בייקון פריך במרכז הסופלה.

j) מניחים רמקין על צלחת עם קונל של סורבה בצל.

3. סופלה לארוחת בוקר

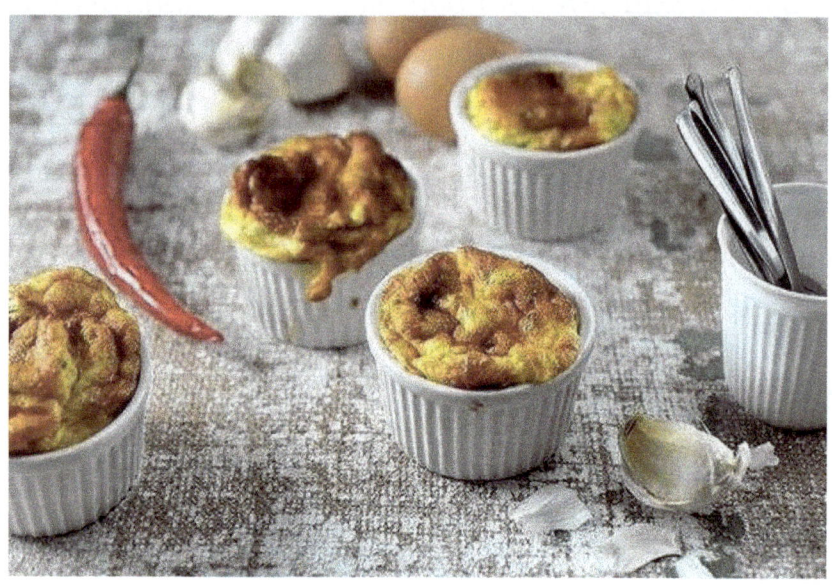

עושה: 2

רכיבים:
- 2 ביצים
- 2 כפות שמנת
- פלפל צ'ילי אדום
- פטרוזיליה

הוראות:
a) קוצצים דק את הפטרוזיליה והצ'ילי. שמים את הביצים בקערה ומערבבים פנימה את השמנת, הפטרוזיליה והפלפל.
b) ממלאים את הכלים עד מחציתם בתערובת הביצים.
c) אופים את הסופלה ב-200 מעלות למשך 8 דקות.

4. סופלה בייקון תנור הולנדי

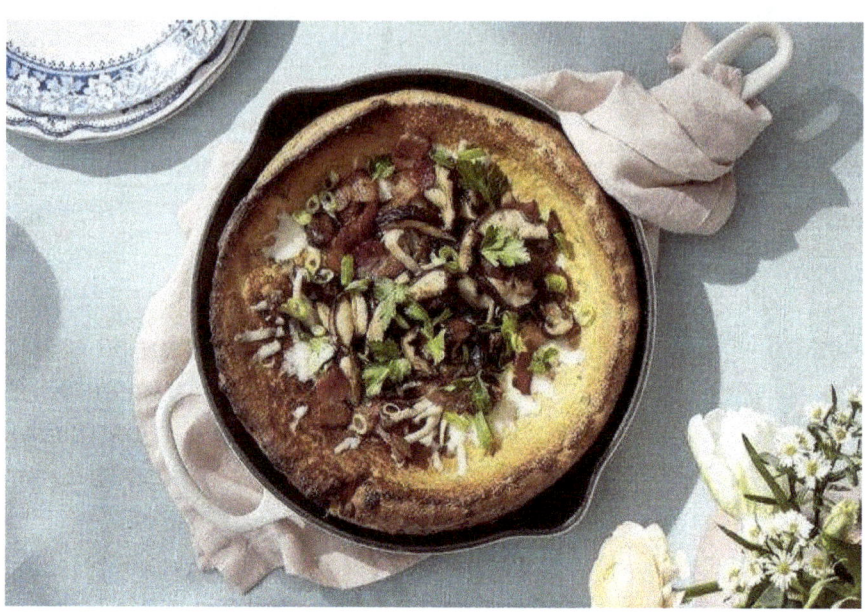

עושה: 2

רכיבים:
- 4 כוסות לחם לבן או צרפתי בן יום חתוך לקוביות
- ⅓ כפית אבקת בצל
- 2 כוסות גבינת צ'דר מגוררת
- לקפוץ פלפל גרוס
- 10 ביצים טרופות קלות
- ½ פאונד בייקון מבושל, מפורר
- 3 כוסות חלב
- ½ כוס פטריות פרוסות
- 1 כפית חרדל חום
- ½ כוס עגבנייה קצוצה, קלופה
- 1 כפית מלח

הוראות:

a) מרפדים את התנור ההולנדי בנייר אלומיניום או משמנים בנדיבות את התנור.

b) מסדרים קוביות לחם בתנור ומפזרים עליהן גבינה.

c) טורפים יחד ביצים, חלב, חרדל, מלח, פלפל ואבקת בצל.

d) יוצקים באופן שווה על גבינה ולחם. מפזרים בייקון,

e) פטריות, ועגבניה. מכסים ומצננים למשך הלילה.

f) מוציאים מהקירור עם ההתפחה כדי שהתנור ההולנדי יתחמם.

g) אופים כשעה בחום של 350 מעלות.

5. וופל סופלה שלוש גבינות

עושה: 10 עד 12

רכיבים

- 4 ביצים, מופרדות
- 2¼ כוסות חלב
- 4 אונקיות חמאה, מומסת
- ½ כוס פרמזן מגוררת
- ½ כוס מוצרלה מגוררת
- ¼ כוס פרובולון מגורר
- 3 כוסות קמח לכל מטרה
- 1 כף אבקת אפייה
- 1 כפית סודה לשתייה
- 1 כפית מלח כשר
- 1 כוס עירית קצוצה דק

הוראות:

a) הגדר את ה-Sear and Press Grill עם צלחות הוופל. בחר 450 מעלות פרנהייט עבור הצלחות העליונות והתחתונות. לחץ על התחל כדי לחמם מראש.
b) מערבבים חלמונים, חלב וחמאה, ומקציפים עד לקבלת תערובת אחידה.
c) מניחים גבינה, קמח, אבקת אפייה, סודה לשתייה ומלח בקערת ערבוב גדולה ויוצרים גומה במרכז.
d) יוצקים פנימה את תערובת הביצים ומקפלים רק עד לאיחוד.
e) מקציפים חלבונים עם מקצף חשמלי עד שנוצרים שיאים יציבים.
f) מקפלים דרך בלילת וופל יחד עם עירית קצוצה.
g) לאחר סיום החימום מראש; נורית Ready הירוקה תידלק.
h) מוסיפים ½ כוס הבלילה לכל ריבוע וופל.
i) סוגרים את המכסה ומבשלים עד בישול והזהבה.
j) זה ייקח בערך 4-5 דקות או עד לבישול לפי טעמכם.

6. סופלה ביצים אפויות

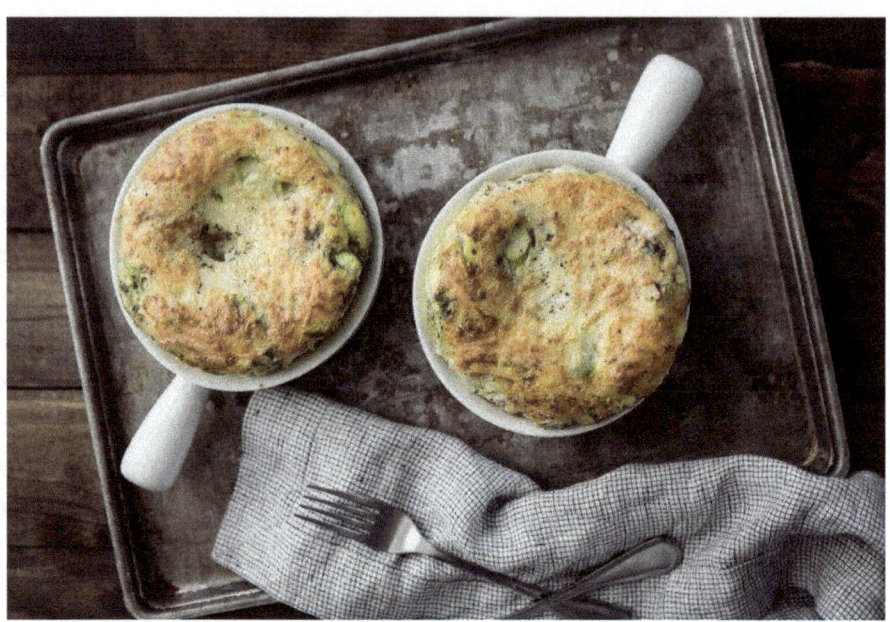

מכינה: 6 מנות

רכיבים:
● 12 פרוסות לחם לבן
● 2 כפות חמאה, מרוככת
● 6 פרוסות מעדניה חזיר
● 6 פרוסות גבינה אמריקאית
● 3 כוסות חלב
● 4 ביצים, טרופים
● מלח ופלפל לפי הטעם

הוראות:
a) מורחים צד אחד של כל פרוסת לחם בחמאה.
b) מסדרים 6 פרוסות עם צד החמאה כלפי מטה בתבנית אפייה בגודל 13"x9" עם חמאה קלה.
c) מסדרים מעל בשר חזיר וגבינה. מכסים בשארית הלחם, כשהצד החמאה כלפי מעלה.
d) מקציפים חלב וביצים יחד עד לקבלת קצף; לשפוך על הכל.
e) מפזרים מלח ופלפל.
f) אופים, ללא כיסוי, ב-350 מעלות למשך 50 דקות, או עד להזהבה.
g) מניחים לעמוד 5 דקות לפני ההגשה.

7. סופלה פולנטה אפויים עם רוטב טלג'יו

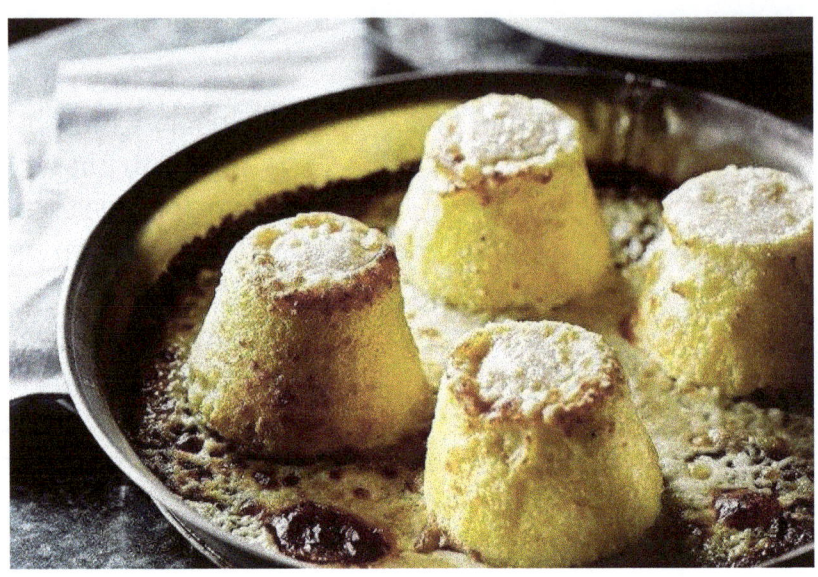

עושה: 6

רכיבים
- 60 גרם חמאה ללא מלח
- 50 גרם פולנטה אינסטנט, בתוספת תוספת לאבק
- 60 גרם קמח רגיל
- 2½ כוסות חלב
- 4 ביצים מופרדות בתוספת 2 חלמונים נוספים
- 300 גרם טלג'יו, הקליפה הוסרה, קצוצה
- 300 מ"ל שמנת טהורה
- פרמזן מגורר וסלט, להגשה

הוראות:

a) מחממים את התנור ל-160 מעלות. משמנים שמונה חצי כוס תבניות דריולה בחמאה ומפדרים בפולנטה.

b) ממיסים את החמאה בסיר על אש נמוכה. מגבירים את האש לבינונית, מוסיפים את הקמח ומבשלים 2-3 דקות. מוסיפים את החלב וטורפים בעדינות עד לקבלת תערובת חלקה. מסירים מהאש וטורפים פנימה פולנטה. מניחים 5 דקות להתקררות קלה.

c) מקציפים את 4 החלבונים עם מקצפים חשמליים לקצף יציב. מערבבים את 6 החלמונים לתוך תערובת הפולנטה הצוננת, ואז מקפלים בעדינות את החלבון.

d) ממלאים תבניות בשלושה רבעים בתערובת סופלה ומעבירים לתבנית צלייה. יוצקים מספיק מים רותחים למחבת כדי להגיע למחצית דפנות התבניות. אופים במשך 25 דקות או עד להתפחה.

e) הופכים תבניות על תבנית מרופדת בנייר אפייה. מניחים טלג'יו ושמנת בקערה חסינת חום על מחבת עם מים רותחים בעדינות, תוך ערבוב מדי פעם עד להמסה וחלקה.

f) יוצקים את רוטב הטלג'יו על כל סופלה ומפזרים פרמזן. אופים במשך 25 דקות או עד שתפוח וזהוב, ואז מגישים עם סלט ירוק.

8. סופלה שיבולת שועל

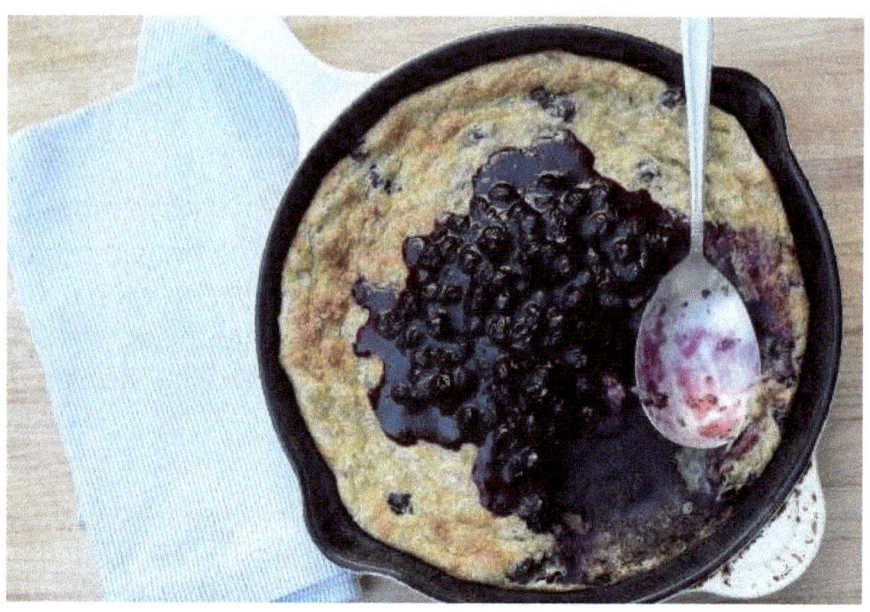

עושה: 4

רכיבים:

- 1 כוס שיבולת שועל מגולגלת עבה במיוחד
- 3 כוסות חלב מלא
- 2 כפות סוכר טורבינדו
- קורנו מלח כשר
- 3 ביצים גדולות, מופרדות
- 2 כוסות מעורב פטל ואוכמניות
- ½ כפית גרידת לימון מגוררת דק
- סוכר קונדיטורים, לניקוי אבק
- סירופ מייפל טהור, להגשה

הוראות:

a) מחממים את התנור ל-350 מעלות. חמאה תבנית אפייה של 2 ליטר.

b) בסיר גדול מערבבים את שיבולת השועל, החלב, סוכר הטורבינדו והמלח ומביאים לרתיחה.

c) מבשלים על אש מתונה, תוך ערבוב מדי פעם עד להסמכה לעקביות דייסה, כ-15 דקות. מסירים מהאש; לתת להתקרר מעט.

d) עובדים במהירות, מערבבים את החלמונים לתוך שיבולת השועל עד לקבלת תערובת אחידה.

e) מקפלים פנימה 1 כוס פירות היער וגרידת הלימון.

f) בקערה גדולה מקציפים בעזרת מיקסר ידני את החלבונים במהירות בינונית עד שנוצרים פסגות נוקשות בינוניות, כ-3 דקות. מקפלים בעדינות את החלבונים לתוך שיבולת השועל רק עד לאיחוד.

g) מגרדים את התערובת לתוך הכלי המוכן ואופים כ-30 דקות, עד להזהבה ותפוחה.

h) מפדרים בסוכר קונדיטורים ומגישים חם עם 1 הכוס הנותרת של פירות יער וסירופ מייפל, אם רוצים.

9. סופלה פרנץ' טוסט

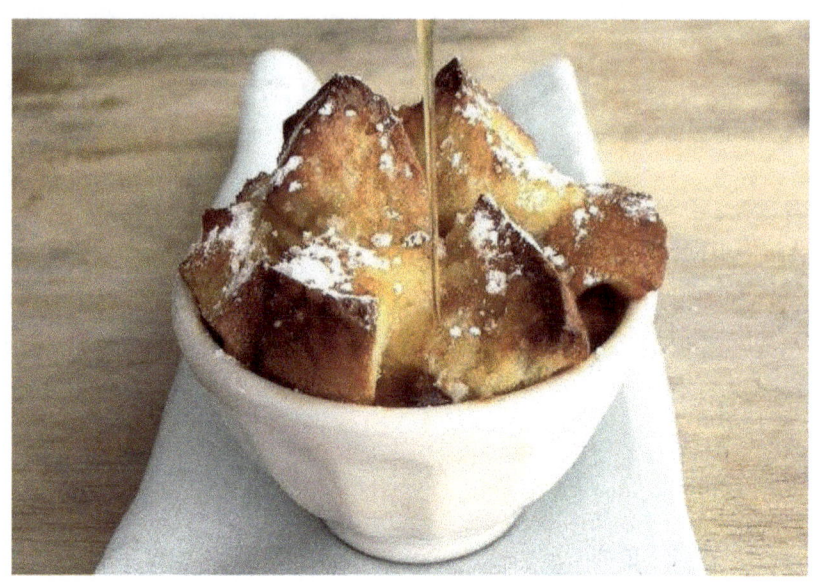

עושה: 12

רכיבים:

- 10 כוסות קוביות לחם לבן
- חבילה של 8 אונקיות של גבינת שמנת דלת שומן מרוככת
- 8 ביצים
- 1 ½ כוסות חלב
- ⅔ כוס שמנת חצי וחצי
- ½ כוס סירופ מייפל
- ½ כפית תמצית וניל
- 2 כפות סוכר קונדיטורים

הוראות:

a) מניחים קוביות לחם בתבנית אפייה משומנת קלות בגודל 9x13 אינץ'.
b) בקערה גדולה מקציפים גבינת שמנת במיקסר חשמלי במהירות בינונית עד לקבלת תערובת חלקה.
c) מוסיפים ביצים אחת בכל פעם, ומערבבים היטב לאחר כל הוספה.
d) מערבבים חלב, חצי חצי, סירופ מייפל ווניל עד שהתערובת חלקה.
e) יוצקים תערובת גבינת שמנת על הלחם; מכסים, ומעבירים למקרר ללילה.
f) למחרת בבוקר, מוציאים את הסופלה מהמקרר ונותנים לו לעמוד בטמפרטורת החדר למשך 30 דקות. בינתיים, מחממים את התנור ל-375 מעלות F.
g) אופים, ללא כיסוי, 30 דקות בתנור שחומם מראש, או עד שסכין הננעצת במרכז יוצאת נקייה.
h) מפזרים סוכר קונדיטורים, ומגישים חם.

10. אומלט סופלה פטה ועגבניות מיובשות

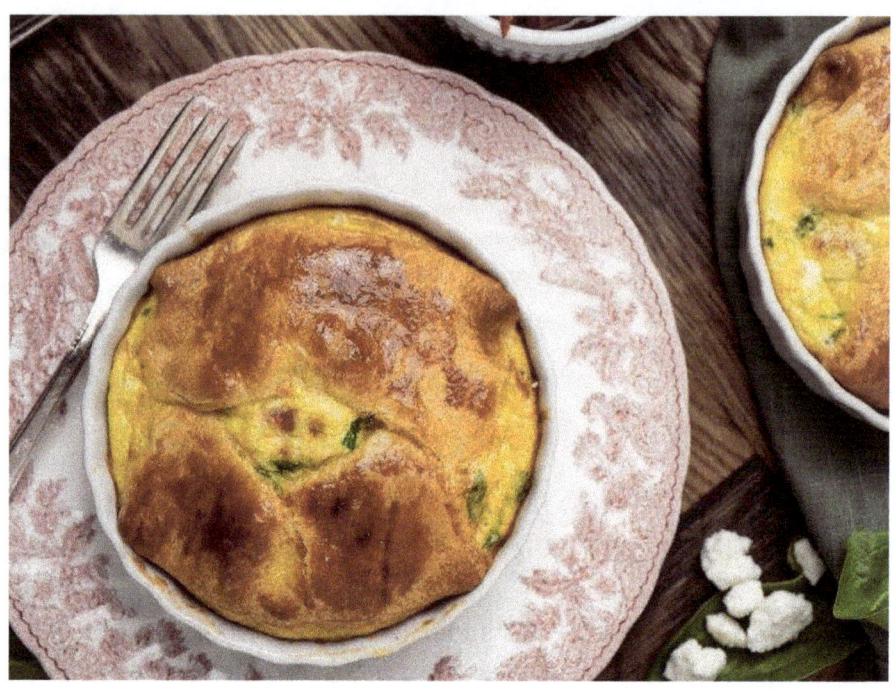

מכינה: 1 מנות

רכיבים:

- 3 ביצים בגודל בינוני; מופרד
- 1 כף מים
- 2 כפיות רסק עגבניות מיובשות
- 25 גרם חמאה; (1 גר)
- חצי 200 גרם גבינת פטה; לחתוך לקוביות קטנות
- 3 עגבניות מיובשות; קצוץ גס
- 4 זיתים שחורים; לחתוך לרבעים
- 15 גרם בזיליקום טרי; קצוץ גס
- מלח ופלפל שחור גרוס טרי

הוראות:

a) מערבבים את החלמונים והמים. מקציפים את החלבונים עד לקבלת קצף בהירים ומאחדים עם החלמונים. מערבבים פנימה את רסק העגבניות.

b) מחממים את החמאה במחבת, עד שהיא חמה. יוצקים פנימה את תערובת הביצים ומשאירים להתבשל עד שיציב בקצה העליון ורכה באמצע.

c) מניחים את הגבינה, העגבניות המיובשות, הזיתים, הבזיליקום הטרי והתיבול על חצי אחד של החביתה ומקפלים את החצי השני ליצירת מכסה.

d) מעבירים לצלחת ומגישים מיד.

מְתַאֲבְנִים

11. מיני סופלה ביס

עושה: 12

רכיבים:

- 1 ¼ כוסות גבינת צ'דר חדה מגוררת
- 2 ביצים גדולות טרופה קלות
- 1 ¼ כוס חלב
- ¾ כפית רוטב ווסטרשייר
- 2 כפות חמאה
- 2 כפות עירית קצוצה
- לטעם מלח ופלפל
- לחם מתוק הוואי, פרוס

הוראות:

a) חותכים קרום מפרוסות לחם וחותכים אותם לקוביות של חצי אינץ'.

b) טורפים את הביצים בקערת ערבוב גדולה. מוסיפים חלב, גבינה ורוטב ווסטרשייר. מערבבים, ואז מערבבים פנימה את הלחם.

c) מניחים לעמוד במשך 15 דקות.

d) שים ⅓ כוס מתערובת הסופלה לתוך כוסות מאפינס עם חמאה בתבנית מאפינס.

e) מניחים את תבנית המאפינס בתבנית גליל ג'לי מלאה במים בחצי סנטימטר.

f) אופים ב-375 מעלות צלזיוס עד להתייצבות, כ-25-30 דקות. מוציאים כשהן תפוחות ומעט שחומות מלמעלה.

g) מפזרים עירית על כל סופלה לקישוט.

12. בּיס סופלה של דלעת בוטרנטס

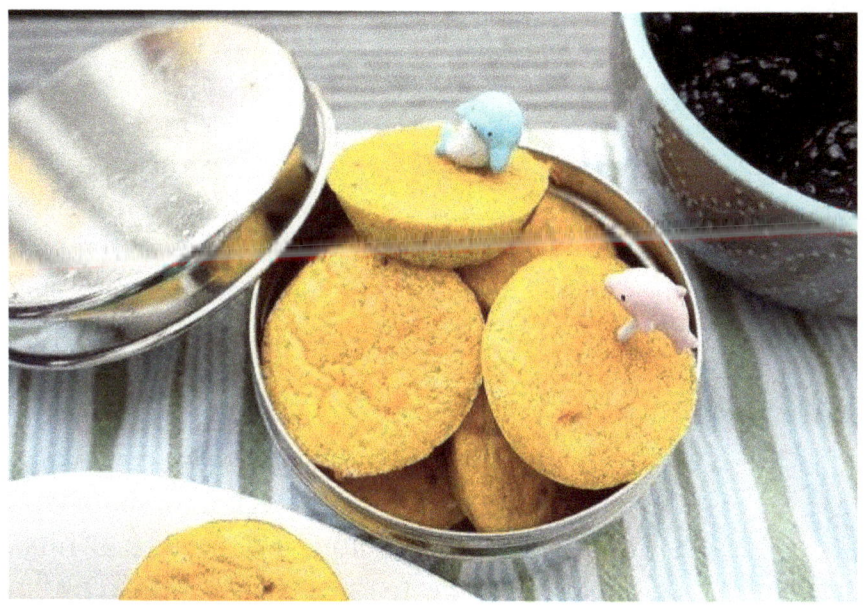

עושה: 6

רכיבים:

- 6 ביצים גדולות
- 2 כוסות דלעת חמאה מרוסקת
- ½ כפית קינמון
- ¼ כוס צימוקים, ללא גרעינים
- ⅛ כפית מלח
- ⅛ כפית פלפל שחור, טחון

הוראות:

a) מחממים תנור ל-350 F.
b) בקערת ערבוב גדולה, טורפים יחד את כל החומרים.
c) מחלקים את התערובת לתבנית מיני מאפינס.
d) אופים 18-22 דקות עד שנגיסות הסופלה תפחו והתייצבו באמצע.
e) מצננים מעט, ואז מגישים. שומרים שאריות בבלי אטום במקרר, עד ארבעה ימים.

13. ריבועי סופלה גבינת צ'ילה

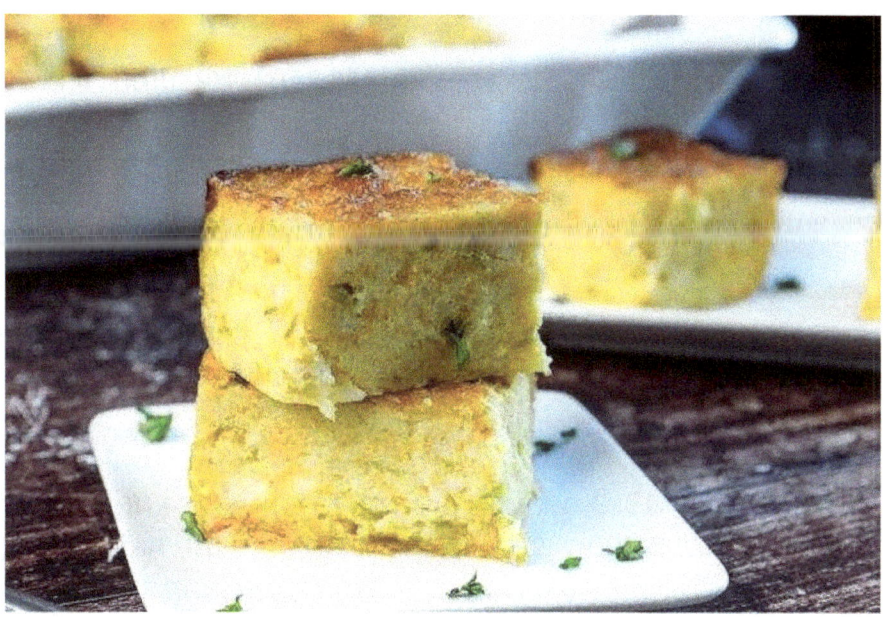

עושה: 6

רכיבים:

- 8 כפות חמאה אמיתית
- ½ כוס קמח
- 1 כפית אבקת אפייה
- קורט מלח
- 10 ביצים
- 7 אונקיות יכולות לירות צ'ילי ירוק צלוי, סחוט
- 2 כוסות גבינת קוטג'
- 1 קילו גבינת מונטריי ג'ק, מגוררת

הוראות:

a) פורסים חמאה לקוביות גדולות ומניחים בתבנית 13×9.
b) מכניסים את התבנית לתנור ומחממים מראש ל-400 מעלות.
c) טורפים יחד קמח, אבקת אפייה ומלח בקערת ערבוב גדולה.
d) מוסיפים 1-2 ביצים וטורפים את התערובת עד שאין גושים.
e) מוסיפים פנימה את שאר הביצים וטורפים עד לקבלת תערובת חלקה.
f) מערבבים פנימה צ'ילי ירוק, גבינת קוטג' וגבינת ג'ק ומערבבים רק עד לאיחוד.
g) הוציאו את התבנית מהתנור והטו את התבנית כך שהחמאה תצפה כולה, ואז יוצקים בזהירות את החמאה לתערובת הביצים ומערבבים לאיחוד.
h) יוצקים את התערובת בחזרה למחבת החמה.
i) כשהתנור מחומם מראש מכניסים את התבנית לתנור ומבשלים 15 דקות.
j) מנמיכים את החום ל-350 ומבשלים עוד 35-40 דקות, או עד שהחלק העליון מזהיב ומעט שחום.
k) מצננים 10 דקות לפני שפורסים לריבועים ומגישים.

14. סופלה פופקורן קרמל מלוח

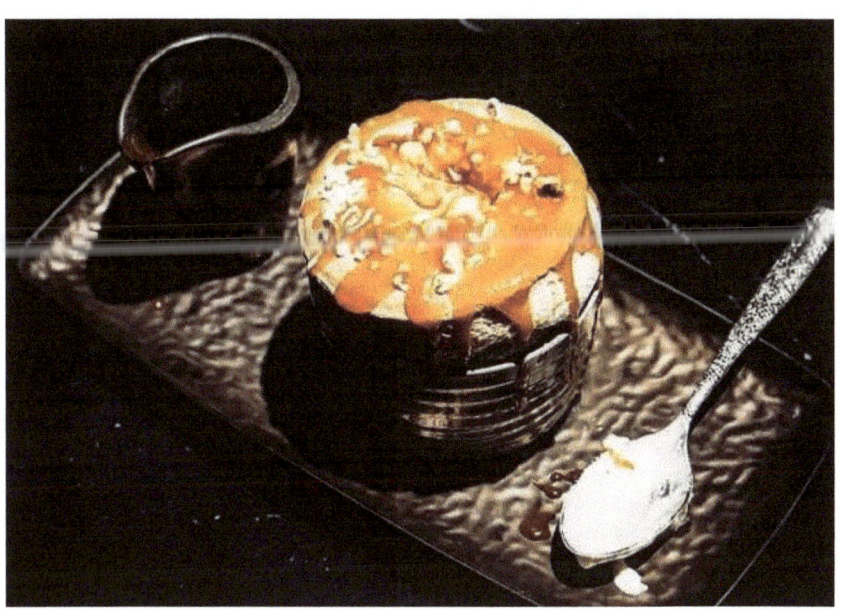

עושה: 4

רכיבים:
- 125 מ"ל חלב מלא
- 125 מ"ל שמנת כפולה
- 105 גרם סוכר דק
- 25 גרם אורז פודינג
- 1 תרמיל וניל, מפוצל
- 75 גרם חמאה ללא מלח, מרוככת
- 6 חלבוני ביצה
- 20 גרם פופקורן

רוטב קרמל מלוח
- 100 גרם סוכר דק, בתוספת 75 גרם לרמקינים
- 45 גרם חמאה מלוחה חתוכה לחתיכות
- 60 מ"ל שמנת כפולה
- ½ כפית מלח ים

הוראות:

a) מחממים את התנור ל-140 מעלות ומכניסים למקרר ארבע תבניות סופלה בגודל 9.5 ס"מ על 5 ס"מ או רמקינים לצינון.

b) מערבבים את החלב, השמנת, 15 גרם סוכר, אורז, תרמיל וניל וקורט מלח בתבנית חסינת תנור.

c) מכסים ואופים במשך שעתיים או עד שהאורז רך, תוך ערבוב כל 30 דקות.

d) מוציאים את תרמיל הווניל, ואז מעבירים את התערובת לבלנדר ומקפיצים למחית חלקה, מוודאים שלא נשארו גרגרי אורז. מכסים ומשאירים להתקרר.

e) בינתיים, לרוטב הקרמל, מפזרים את 100 גרם הסוכר בתחתית תבנית כבדה.

f) לשים על אש בינונית-גבוהה, תוך מעקב אחר הסוכר כשהוא מתחיל להימס.

g) נער את המחבת מדי פעם כדי לפזר את כל הסוכר שלא נמס, ולאחר שהוא נמס, השתמש במרית סיליקון כדי להפגיש אותו, לשבור בעדינות את כל הגושים.

h) כאשר מדובר בנוזל חלק וענברי עמוק – להיזהר שלא יישרף – מערבבים במהירות פנימה את החמאה.

i) יוצקים פנימה את השמנת באיטיות תוך כדי ערבוב עד שנוצרת רוטב קרמל מבריק ומבריק. מערבבים פנימה את מלח הים. לְהַפְרִישׁ.

j) כשהרמקינים קרים לגמרי, מוציאים אותם מהמקרר ומברישים בנדיבות את החלק הפנימי בחמאה, מוודאים שלא תפספסו נקודות, ומברישים עד השפה.

k) מעבירים את 75 גרם הסוכר לרמקין אחד, מסובבים אותו כך שהחלק הפנימי מצופה היטב בסוכר, ואז מעבירים את עודפי הסוכר לאחר וחזרו על הפעולה עד שכולם מצופים. לְהַפְרִישׁ.

l) מעבירים את החלבונים לקערה גדולה ומקציפים בעזרת מטרפה חשמלית במהירות גבוהה למשך דקה.

m) מוסיפים בהדרגה רבע מכמות הסוכר הנותר, ותן הקצפה של דקה נוספת, ואז עוד רבע.

n) חוזרים על הפעולה עד שכל הסוכר נטמע.

o) לאחר הוספת כל הסוכר, ממשיכים להקציף עוד 30 שניות עד שנוצרים פסגות נוקשות ומבריקות.

p) בינתיים, שמים את מחית פודינג האורז ו-15 גרם מרוטב הקרמל המלוח בקערה גדולה חסינת חום מעל סיר עם מים רותחים.

q) מחממים בעדינות את התערובת ומערבבים אותה יחד, ואז מסירים אותה מהאש.

r) מקפלים רבע מהחלבונים הטרופים לתוך תערובת פודינג האורז כדי לעזור לשחרר אותה, ואז מקפלים פנימה את השאר עד להטמעה יסודית.

s) מחממים את התנור ל-200C.

t) מזלפים את תערובת הסופלה לתוך הרמקינים המוכנים, וממלאים אותם מעט.

u) בעזרת סכין פלטה מיישרים את החלק העליון.

v) העבירו את האגודל והאצבע הצבוטים סביב השפה הפנימית של כל אחד מהרמקינס כדי להבטיח שהסופלה יעלה ישר למעלה.

w) מפזרים את החלק העליון עם הפופקורן, ואז מניחים אותם על תבנית אפייה ואופים במדף האמצעי של התנור.

15. סופלה כדורי לבן ביצה עם משחת שעועית אדומה

עושה: 4

רכיבים:

- 5 אונקיות משחת שעועית אדומה
- 5 חלבוני ביצה
- 2 אונקיות של קמח לכל מטרה
- 2 אונקיות עמילן תירס

הוראות:

a) הופכים את ממרח השעועית האדומה לכדורים קטנים.
b) מקציפים את החלבונים עם מקצף ידני אלקטרוני עד לקבלת קצף.
c) מוסיפים קמח ועמילן תירס לחלבונים ומערבבים היטב.
d) השתמשו בכף גלידה כדי לעצב את כדורי הסופלה.
e) מחממים את הטיגון העמוק ל-375 מעלות צלזיוס ומטגנים בשמן עמוק את כדורי הסופלה עד שהם מקבלים צבע חום בהיר.
f) מחלקים ומפזרים אבקת סוכר על כדורי הסופלה.
g) מגישים חם.

תירקיע הנמ

16. סופלה תירס

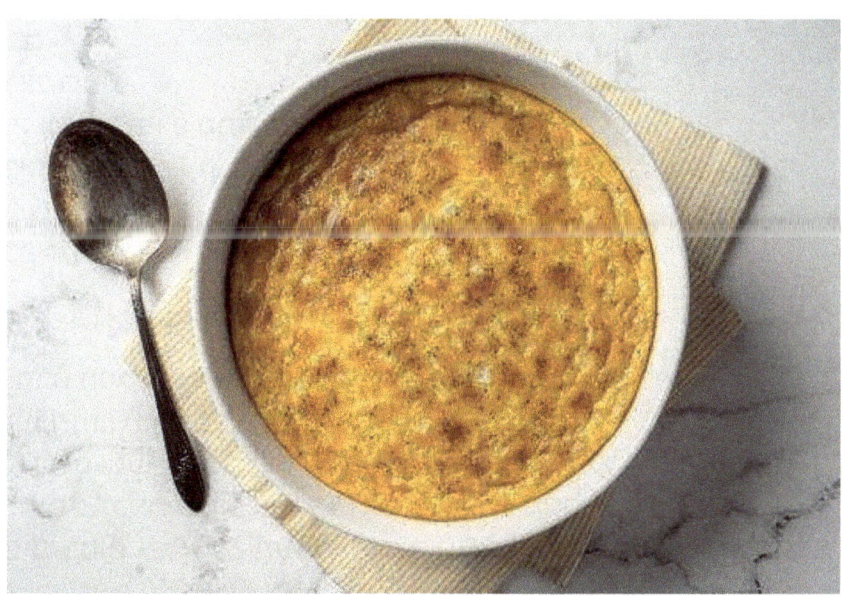

מכינה: 8-10 מנות

רכיבים:

- 1 בצל בינוני
- 5 פאונד של תירס מתוק קפוא
- 6 כוסות מונטריי ג'ק, מגורר
- 3 ביצים
- 1 כפית מלח

הוראות:

a) במחבת מטגנים את הבצל בשמן זית. לְהַפְרִישׁ.

b) במעבד מזון טוחנים תירס.

c) מערבבים ומערבבים פנימה את שאר המרכיבים, כולל הבצל המוקפץ.

d) מניחים בתבנית אפייה בגודל 8X14 שעברה חמאה.

e) אופים בחום של 375 מעלות במשך כ-25 דקות, או עד שהחלק העליון מזהיב.

17. סופלה גזר לחג ההודיה

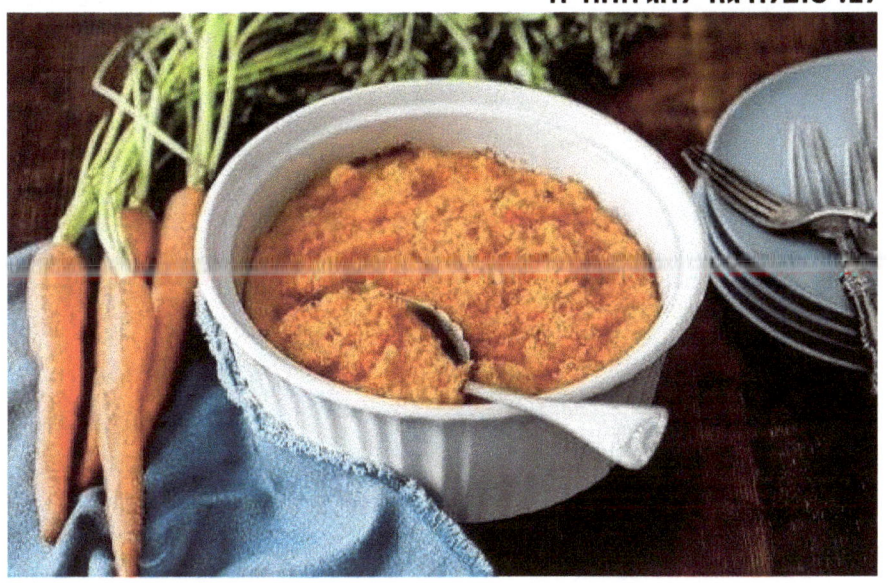

מכינה: 8 מנות

רכיבים:
- 2 פאונד גזר טרי, קלוף ומבושל
- 6 ביצים
- ⅔ כוס סוכר
- 6 כפות ארוחת מצות
- 2 כפיות וניל
- 2 מקלות חמאה או מרגרינה, מומסים
- קורטוב של אגוז מוסקט
- 6 כפות סוכר חום
- 4 כפות חמאה או מרגרינה, מומסת
- 1 כוס אגוזי מלך קצוצים

הוראות:
a) טוחנים את הגזר והביצים במעבד מזון.
b) מעבדים את חמשת המרכיבים הבאים עד לקבלת מרקם חלק.
c) אופים במשך 40 דקות בתבנית אפייה משומנת 9x13 ב-350 מעלות צלזיוס.
d) מוסיפים את הציפוי ואופים עוד 5-10 דקות.

18. סופלה דלעת בלוטים

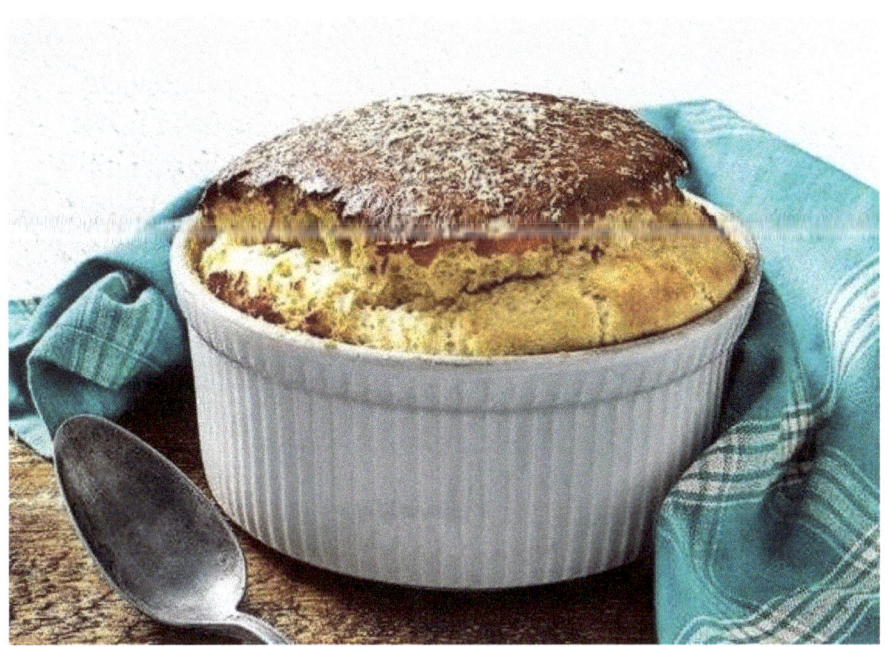

מכינה: 4 מנות

רכיבים:

- 1 חלבון ביצה
- 2 דלעת בלוטים
- 4 כפיות סוכר חום
- גרידה של אגוז מוסקט טרי
- ⅛ כפית מלח
- 4 כפות חמאה
- ¼ כפית קינמון טחון
- 1 ביצה, מופרדת
- פלפל שחור גרוס טרי

הוראות:

a) מחממים תנור ל-F 400. שוטפים את הסקווש. חותכים את הדלעת לשניים וגורפים זרעים. מניחים חצאי דלעת עם העור כלפי מעלה במים של ½ אינץ' בתבנית אפייה ואופים במשך 30 דקות.

b) מוציאים מהתנור. בעזרת מלקחיים הופכים חצאי דלעת. שמים 1 כף חמאה בכל חצי. אופים שוב במשך 30 דקות או עד שהבשר רך. מצננים במשך 30 דקות.

c) מוציאים בזהירות את הדלעת מתבנית האפייה ויוצקים את החמאה לקערה.

d) מבלי לפגוע בעור, שולפים בזהירות את הבשר מכל חצי דלעת ומכניסים אותו לאותה קערה.

e) בבלנדר או במעבד מזון, טוחנים את הדלעת עם החמאה השמורה, הסוכר, התבלינים והחלמון.

f) יוצקים לקערת ערבוב.

g) מקציפים את החלבונים עם המלח עד שנוצרים פסגות נוקשות.

h) מקפלים לתוך המחית. עובדים במהירות אך בזהירות תוך שמירה על נפח חלבון הביצה.

i) יוצקים את תערובת הסופלה לחצאי עור דלעת ואופים 25 דקות. או עד שהחלק העליון חום ומתחיל להיסדק.

j) מגישים מיד.

19. סופלה ברוקולי

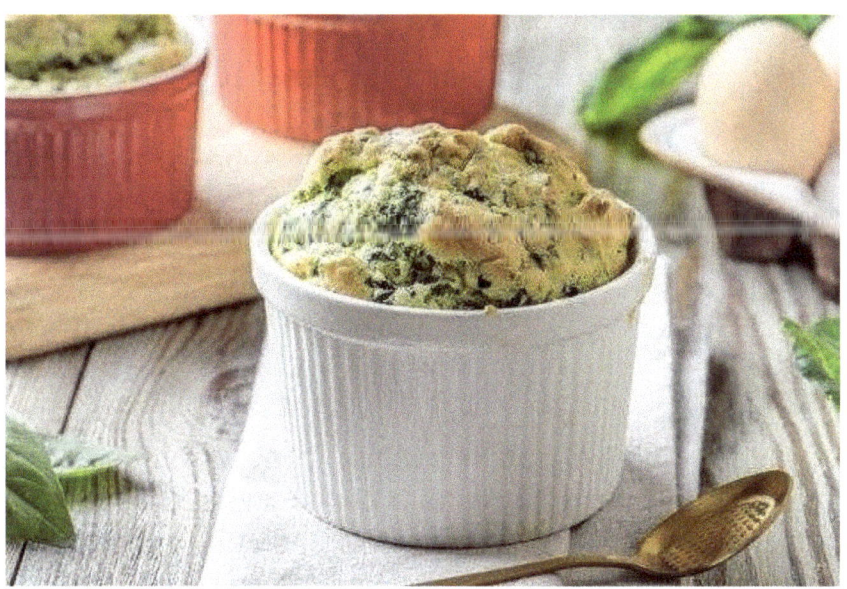

מכינה: 8 מנות

רכיבים:

- שתי חבילות של 10 אונקיות של ברוקולי קפוא
- 3 ביצים
- מלח ופלפל לפי הטעם
- 1 כף תערובת מרק בצל
- ½ כוס מיונז
- משמנים את התבנית
- 2 כפות ארוחת מצה מחולקת

הוראות:

a) מבשלים את הברוקולי לפי הוראות האריזה. מסננים היטב.
b) לְהַפְרִישׁ. בקערת ערבוב, טורפים היטב את הביצים עם תערובת המלח, הפלפל והבצל; לחתוך את המיונז ולהמשיך לטרוף עד לקבלת תערובת אחידה.
c) מערבבים פנימה את הברוקולי המבושל.
d) משמנים תבנית אפייה בגודל 7 11 x½ אינץ'.
e) אבק קלות ב-1 כף מסעודת המצה.
f) יוצקים ברוקולי למחבת ומפזרים מלמעלה את יתרת ארוחת המצה.
g) אופים בחום 350 במשך 40-50 דקות, או עד שהחלק העליון מזהיב.

20. טארט סופלה סלמון מעושן

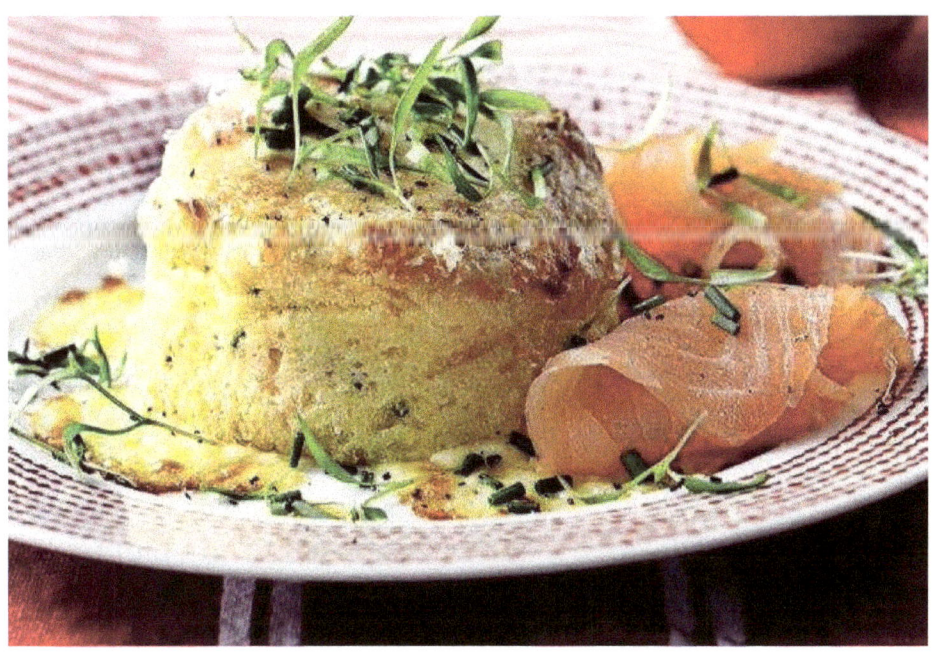

מכינה: 6 פרוסות

רכיבים:
- חצי מאפה של 375 גרם מאפה קצר
- 50 גרם קמח רגיל, בתוספת תוספת לניקוי אבק
- 50 גרם חמאה
- 300 מ"ל חלב
- 3 ביצים גדולות, מופרדות
- גרידה ½ לימון
- 1 כף שמיר קצוץ, בתוספת מעט תוספת
- חבילת 100 גרם של פרוסות סלמון מעושן
- חבילה של 150 גרם גבינת עיזים פירורית, חתוכה לקוביות

הוראות:
a) מחממים תנור ל-200C.
b) מרדדים את המאפה על משטח מאובק בקמח ומרפדים בעזרתו תבנית
   טארט בקוטר 22 ס"מ, ומשאירים את עודפי המאפה תלויים על הקצה.
c) מרפדים בנייר אפייה ושעועית אפייה ואופים עיוור במשך 15 דקות.
d) מסירים את הנייר ואופים עוד 10 דקות.
e) שמים במחבת את החמאה, הקמח והחלב. מחממים תוך כדי ערבוב כל
   הזמן עד שמתקבל רוטב סמיך וחלק מאוד. מערבבים פנימה את החלמונים,
   גרידת הלימון, השמיר והתיבול.
f) מקציפים את החלבונים בקערה נקייה בעזרת מטרפה חשמלית עד שהם
   מחזיקים בצורתם, ואז מקפלים אותם בזהירות לתוך הרוטב.
g) קורעים את פרוסות הסלמון לחתיכות גדולות ומסדרים חצי מעל בסיס
   הטארט עם חצי גבינת עיזים.
h) כף מעל את רוטב הסופלה, ואז מסדרים מעל את יתרת הסלמון והגבינה עם
   מעט שמיר ופלפל שחור נוסף.
i) אופים 25-30 דקות עד שתפוח והזהבה. חותכים את שולי המאפה.
j) הובלה עדיין בפח, או על צלחת הגשה, עטופה בנייר כסף.

21. סופלה עירית צ'דר חזיר

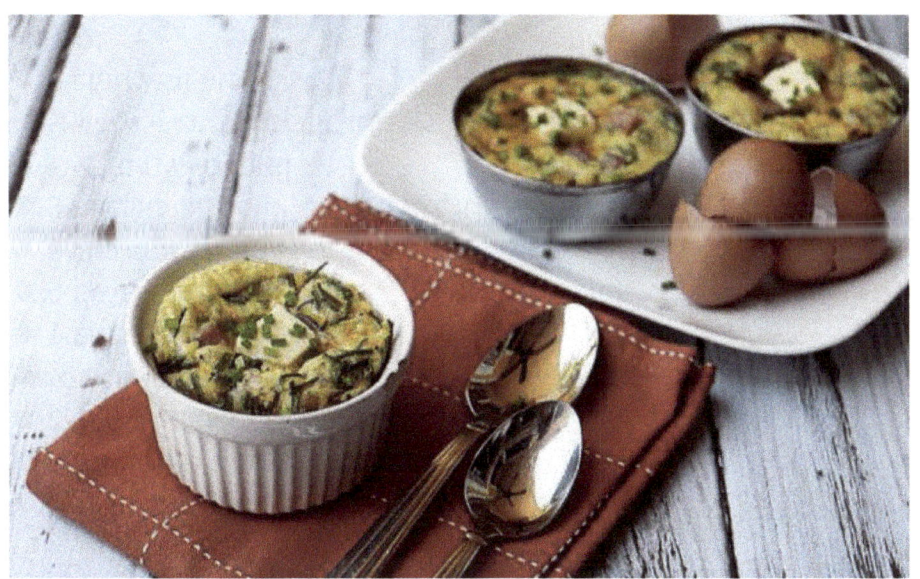

מכינה: 5 מנות

רכיבים:

- 3 כפות שמן זית
- ½ בצל בינוני, חתוך לקוביות
- 1 ½ כפית שום, טחון
- 6 אונקיות של סטייק חזיר, מבושל וחתוך לקוביות
- 1 כף חמאה, לשימון רמקינים
- 6 ביצים גדולות
- 1 כוס גבינת צ'דר, מגוררת
- ½ כוס שמנת כבדה
- 3-2 כפות עירית טרייה, קצוצה
- ½ כפית מלח כשר
- ¼ כפית פלפל שחור

הוראות:

a) חממו מראש את התנור ל-400F.

b) הכן את כל המרכיבים שלך. קוביות 6 אונקיות של סטייק חזיר מבושל, לחתוך ½ בצל בינוני, לטחון 1 ½ כפית שום, לגרוס 1 כוס גבינת צ'דר, ולקצוץ 3-2 כפות עירית טרייה.

c) במחבת מחממים שמן זית. לאחר החם, מוסיפים בצל ונותנים לטגן עד לריכוך.

d) לאחר רך, מוסיפים שום וממשיכים לטגן עד שהשום משחים קלות.

e) בקערה מוסיפים 6 ביצים, ½ כוס שמנת כבדה, עירית קצוצה, ½ כפית מלח ו¼ כפית פלפל.

f) מוסיפים את כל שאר המרכיבים, כולל בצל ושום מהמחבת.

g) מערבבים היטב.

h) אופים בתנור במשך 20 דקות או עד שתפוח ושחמה קלות בחלק העליון.

i) מצננים מעט ומגישים!

22. סופלה פסיון

מכינה: 4 מנות

רכיבים:
- 1 כוס קוביות פסיון מבושל
- 2 ביצים, מופרדות
- 1 כוס אורז לבן מבושל
- ! ג. פירורי לחם טריים
- ! ג. סלרי חתוך לקוביות
- 1 כוס חלב
- 1 כפית מלח
- 1 כפית פלפל שחור
- 1 כפית טימין

הוראות:
a) מקציפים חלמונים ומוסיפים את כל החומרים מלבד החלבונים. מקציפים את החלבונים לקצף יציב ומקפלים לתערובת.

b) יוצקים לתבנית שטוחה משומנת מאוד או לתבנית מרובעת בגודל 8X8 אינץ'.

c) אופים בחום של 350 מעלות במשך כ-30 דקות, או עד שסכין הננעצת במרכז יוצאת נקייה.

d) חותכים לריבועים ומגישים עם רוטב פטריות.

23. סופלה סלרי וגבינה

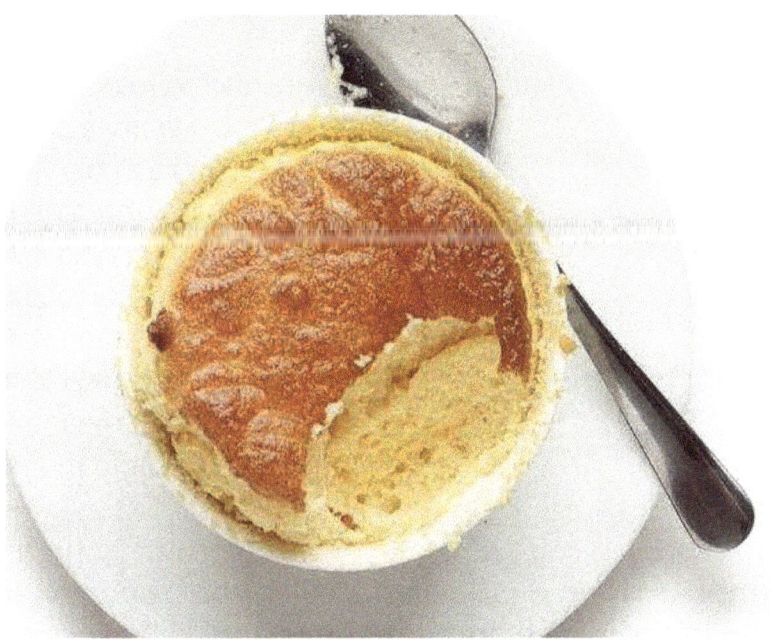

עושה: 2

רכיבים:
● 1¾ כוס סלרי, קלוף וחתוך לקוביות
● 2 ביצי חופש
● ½ כוס חלב דל שומן 2% למחצה
● 1 כף קמח תירס
● 4 כפות גבינה בוגרת חצי שומן, מגוררת
● 2 כפות פרמזן מגוררת דק
● ¼ כפית אגוז מוסקט טרי מגורר
● ¼ כפית מלח ים, מחולק
● ¼ כפית פלפל שחור גרוס טרי
● 2 תרסיסים של תרסיס שמן זית

הוראות:
a) מחממים את התנור ל-170C מאוורר, 375F, סימן גז 5. משמנים את החלק הפנימי של 2 רמקינים חסינים לתנור ומניחים אותם בתבנית צלייה.
b) מקלפים את הסלרי וחותכים אותו לקוביות. מוסיפים את זה ו-⅛ כפית מלח לסיר עם מים רותחים ומבשלים 4-5 דקות עד לריכוך.
c) מסננים את הסלרי והמחית במיני-מעבד עד לקבלת תערובת חלקה ומעבירים לקערה.
d) אם אין לכם מיני מעבד מזון, פשוט מועכים את הסלרי בקערה עם מזלג עד לקבלת מרקם חלק.
e) מתבלים את הסלרי במלח, פלפל ואגוז מוסקט מגורר טרי. מגררים את הגבינה ומערבבים אותה.
f) מפרידים את הביצים, שמים את החלבונים בקערה נקייה ומכניסים את החלמונים לקערה עם הסלרי.
g) טורפים את החלמונים לתוך מחית הסלרי ומניחים בצד.
h) מרפים את קמח התירס עם החלב ויוצקים את התערובת לסיר.
i) מחממים על אש בינונית תוך כדי טריפה כל הזמן עד שהרוטב מסמיך, ואז מבשלים עוד דקה.
j) מוסיפים לרוטב 5 כפות מתערובת הגבינה המגוררת וטורפים עד שהיא נמסה. אל תדאגו שהרוטב שלכם סמיך בהרבה ממה שרוטב מזיגה יהיה, הרוטב הסמיך הזה הוא העקביות הנכונה להכנת הסופלה.
k) מקפלים את רוטב הגבינה לתערובת הסלרי.

l) שים את הקומקום על רתיחה.

m) בעזרת מטרפה נקייה מקציפים את החלבונים עד שהם יוצרים פסגות נוקשות אך לא מקציפים יתר על המידה.

n) חלבון הביצה צריך להיות יציב והפסגות שומרות על צורתן ללא לבן נוזלי.

o) השתמשו במרית או בכף מתכת, וקפלו 1 כף לתוך תערובת הסלרי כדי להבהיר אותה.

p) לאחר מרן מוסיפים לתערובת הסלרי את מחצית החלבון שנותר.

q) במגע קל, מקפלים את זה במהירות פנימה, חוצים את התערובת והופכים אותה, עד שהכל מתאחד היטב אך עדיין קליל ואוורירי.

r) חוזרים על הפעולה עם חלבון הביצה המוקצף שנותר. יוצקים את התערובת באופן שווה בין הרמקינים המוכנים ומפזרים מעל את יתרת הגבינה המגוררת.

s) מניחים את הרמקינס לתוך כלי הצלייה ומוזגים בזהירות כ-2.5 ס"מ מים רותחים לתוך כלי הצלייה, תוך הקפדה לא להתיז את הרמקינס.

t) מכניסים לתנור ומבשלים 20-25 דקות עד שהסופלה תופח היטב ומזהיב.

u) מגישים ישר מהרמקין ואוכלים מיד!

24. סופלה תרד

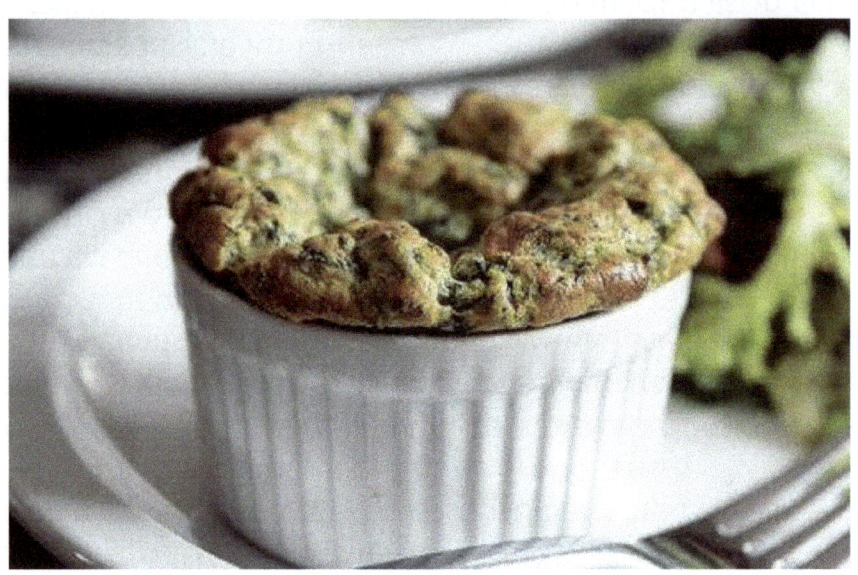

מכינה: 4 מנות

רכיבים:

- 4 כפות שמן זית
- 1 בצל צהוב בינוני, טחון
- 4 כוסות בייבי תרד טרי
- מלח ופלפל שחור גרוס טרי
- 1 קילו טופו יציב, מסונן
- 1 כוס קמח לכל מטרה
- 1 כפית אבקת אפייה
- 1 כוס מרק ירקות
- 2 כפות רוטב סויה

הוראות:

a) מחממים את התנור ל-350 מעלות צלזיוס. משמנים קלות תבשיל 3 ליטר או תבנית אפייה עגולה ומניחים בצד. במחבת גדולה מחממים כף שמן על אש בינונית.

b) מוסיפים את הבצל, מכסים ומטגנים עד לריכוך, כ-10 דקות. מערבבים את התרד ומתבלים במלח ופלפל לפי הטעם.

c) מכסים ומבשלים עד שהתרד נבול, כ-3 דקות. לְהַפְרִישׁ.

d) במעבד מזון מערבבים את הטופו ותערובת הבצל והתרד ומעבדים עד לקבלת תערובת אחידה.

e) מוסיפים את הקמח, אבקת האפייה, המרק, רוטב הסויה ו-3 כפות השמן הנותרות ומעבדים לתערובת חלקה.

f) מגרדים את התערובת לתוך התבשיל המוכן ואופים עד להתייצבות, כ-60 דקות.

g) מגישים מיד עם פלחי תפוז.

25. סופלה ירוק סלק

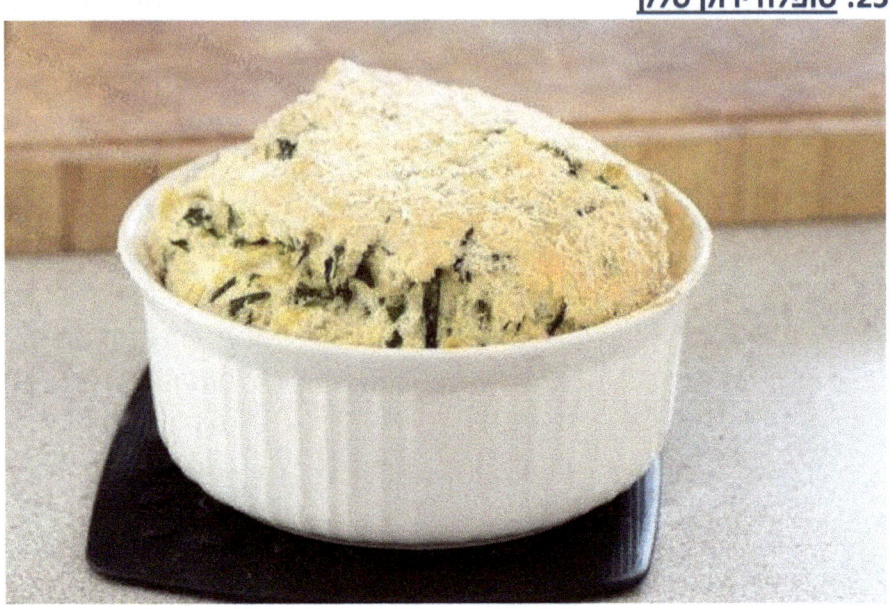

מכינה: סופלה אחד

רכיבים:

- 3 כפות גבינת פרמזן; מְגוּרָד
- 2 סלק מדיום; מבושל ומקולף
- 2 כפות חמאה
- 2 רפות קמח
- ¾ כוס מרק עוף; חַם
- 1 כוס עלי סלק; מוקפץ
- ½ כוס גבינת צ'דר; מְגוּרָד
- 3 חלמונים
- 4 חלבוני ביצה

הוראות:

a) חמאה 1 qt .a מנת סופלה; מפזרים גבינת פרמזן. פורסים את הסלקים המבושלים ומרפדים בהם את תחתית צלחת הסופלה.

b) בסיר קטן ממיסים את החמאה, מערבבים פנימה את הקמח, מוסיפים את המרק החם וממשיכים לבשל עד שמסמיך מעט, ואז מעבירים לקערה גדולה יותר. קוצצים גס את עלי הסלק ומוסיפים לרוטב יחד עם גבינת צ'דר.

c) בקערה נפרדת מקציפים חלמונים; מערבבים אותם עם תערובת ירוק סלק. מקציפים חלבונים עד שהם יוצרים פסגות. מקפלים לקערה עם מרכיבים אחרים; למזג היטב. מעבירים הכל לצלחת סופלה עם חמאה. מפזרים גבינת פרמזן.

d) אופים ב-F 350. במשך 30 דקות, או עד שהסופלה תפוח וזהוב.

26. מונטריי ג'ק סופלה

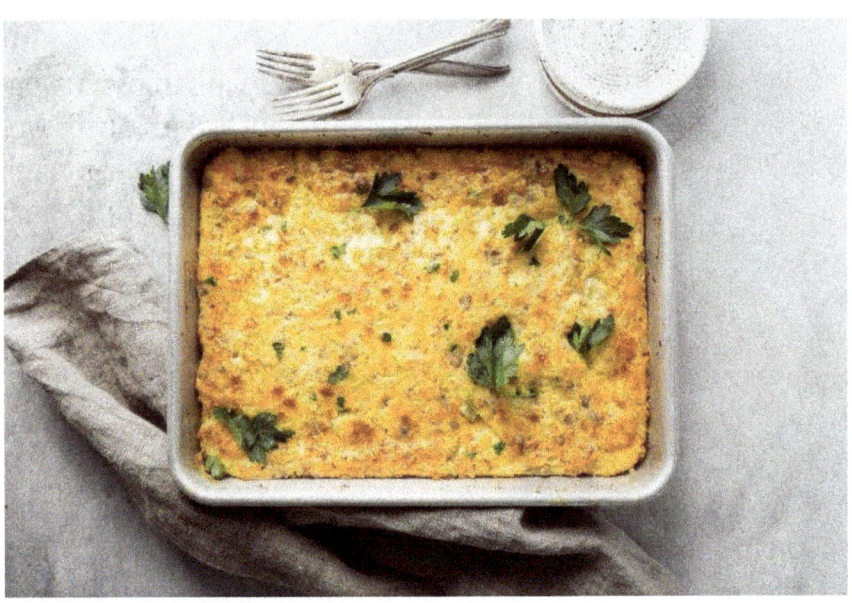

עושה: 12

רכיבים:

- 1 פאונד נקניק, מבושל
- 2 כוסות גבינת מונטריי ג'ק מגוררת
- 3 כוסות גבינת צ'דר חדה, מגוררת
- 1 כוס גבינת מוצרלה מגוררת
- ½ כוס חלב
- ½ כוסות קמח
- ½ כוסות גבינת קוטג'
- 9 ביצים טרופות קלות
- ⅓ כוס חמאה מומסת
- 1 קופסת צ'ילי ירוק קטנה, חתוכה לקוביות

הוראות:

a) מורחים ½ מהחמאה המומסת בתבנית 9x13.
b) בקערה גדולה מערבבים את שאר החומרים ומערבבים היטב.
c) יוצקים לתבנית 9x13.
d) אופים בחום 375 למשך 50 דקות או עד להזהבה והסכין הננעצת יוצאת נקייה.

27. סופלה סלק עם חזרת

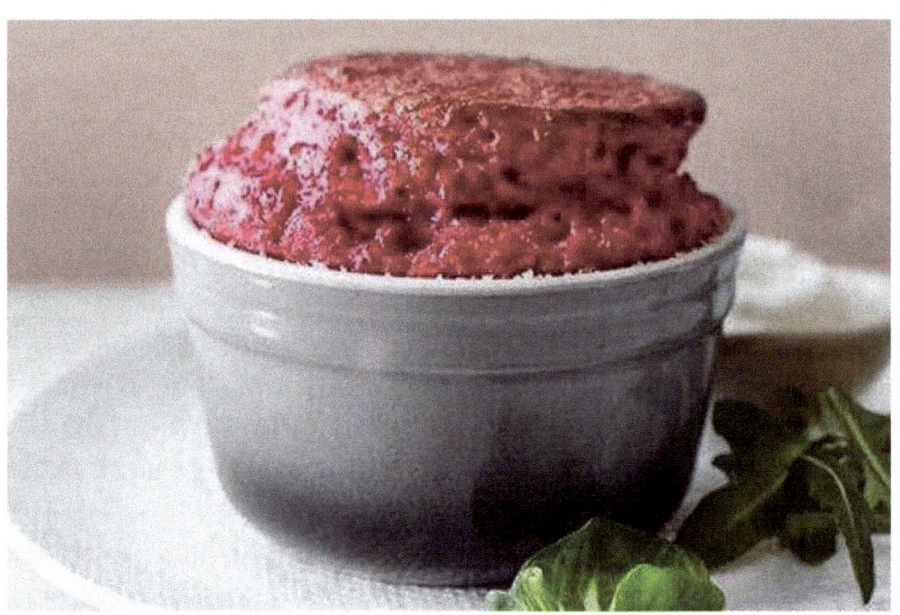

עושה: 6

רכיבים:

SOUFLE

- 300 גרם סלק, גבעולים הוסרו
- 1 כפית שמן
- 30 גרם חמאה, בתוספת 15 גרם לשימון
- 2-1 כפות פירורי לחם לבנים יבשים
- 30 גרם קמח רגיל
- 300 מ"ל חלב
- 4 ביצים, מופרדות

חזרת ו-CRÈME FRAÎCHE

- 100 גרם קרם פרש דל שומן
- 1½ כפות חזרת מוקרמת
- 1 לימון, מיץ

הוראות:

a) מחממים את התנור ל-200 מעלות צלזיוס/סימן גז 6. עוטפים את הסלק בנפרד בנייר כסף, מטפטפים את השמן וצולים כשעה או עד לריכוך כאשר שיפוד מוכנס.

b) בינתיים מערבבים את מרכיבי הקרם פרש חזרת ולימון ומתבלים לפי הטעם. מניחים בצד במקרר כדי לאפשר לטעמים להתפתח.

c) ממיסים 15 גרם חמאה ומברישים זאת סביב החלק הפנימי של 6 רמקינים אישיים. מטה את פירורי הלחם לכל אחד מהם ומטות כך שהתחתית והדפנות יהיו מצופים.

d) לאחר שהסלקים צלויים, השאירו אותם להתקרר במשך 10 דקות ואז מסירים את הקליפות. מניחים את הסלק בבלנדר ומערבבים עד לקבלת מרקם חלק.

e) מעלים את התנור ל-220 מעלות/סימן גז 8 ומניחים בו תבנית אפייה בשליש התחתון של התנור.

f) ממיסים את 30 גרם החמאה בסיר קטן, ואז מוסיפים את הקמח ומבשלים במשך דקה. מסירים מהאש ומוסיפים שפריץ חלב ואז מערבבים. המשיכו להוסיף את החלב בהדרגה רבה כדי למנוע היווצרות גושים ואז החזירו לאש, מביאים לרתיחה ומבשלים 2 דקות. יוצקים את זה לקערה גדולה ומניחים להתקרר מעט לפני הוספת הסלק המחית והחלמונים. מתבלים לפי הטעם.

g) מקציפים את החלבונים לקצף בינוני/נוקשה. מערבבים שליש מהחלבונים דרך תערובת הסלק בעזרת כף מתכת גדולה כדי לשחרר אותה, ואז מוסיפים את החלבונים שנותרו. קפלו אותם בזהירות רבה כדי לשמור על נפח גדול ככל האפשר.

h) מעבירים בזהירות את התערובת הזו לרמקינים המוכנים ומניחים אותה על תבנית האפייה שחוממת מראש. מבשלים 35-40 דקות ואז מגישים עם קרם פרש חזרת ולימון.

28. סופלה תירס

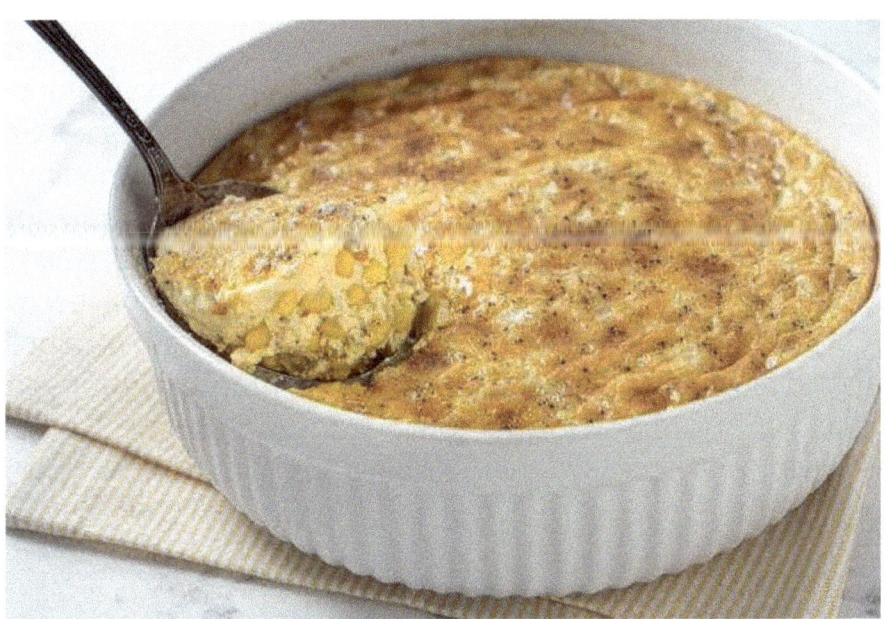

מכינה: 6 מנות

רכיבים:

1 כוס קמח תירס צהוב

3 כפיות אבקת אפייה

½ כפית מלח

½ ליטר שמנת חמוצה

פחית אחת (15-16 אונקיות) תירס בסגנון שמנת

¾ כוס שמן ווסון (ייתכן שתשתמש בפחות)

2 ביצים טרופות במזלג

1 פחית קטנה אורטגה צ'ילי ירוק, חתוך לקוביות הרבה גבינת טילמוק מגוררת מערבבים את החומרים בתבשיל בעומק שלושה סנטימטרים. מעל גבינה מגוררת. אופים ללא כיסוי בתנור שחומם מראש ל-375 מעלות למשך 45 דקות.

29 . סופלה שרימפס

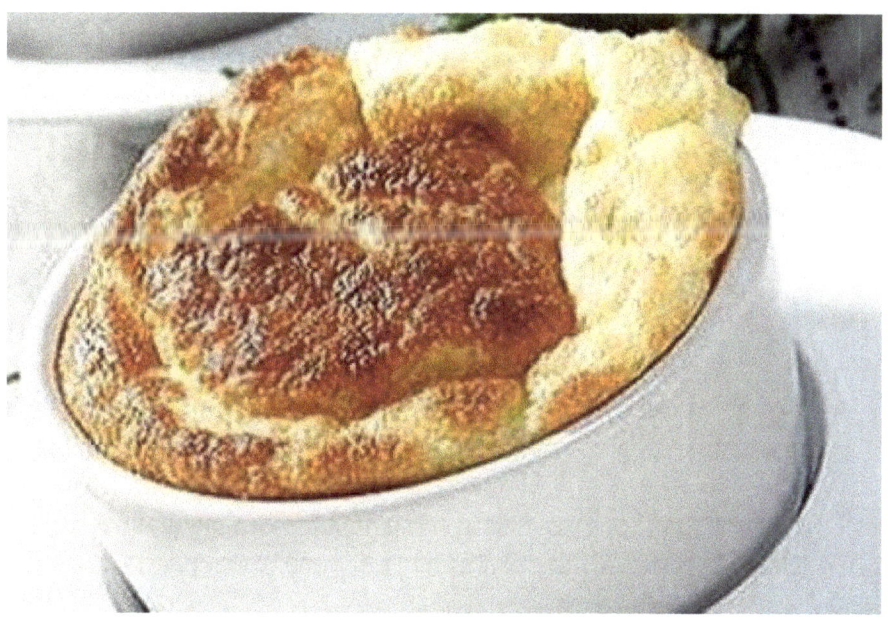

תשואה: 6 מנות

למדוד מרכיב
- ½ פאונד שרימפס מבושל
- 3 פרוסות שורש ג'ינג'ר טרי
- 1 כף שרי
- 1 כפית רוטב סויה
- 6 חלבוני ביצה
- ½ כפית מלח
- 4 כפות שמן
- 1 קורטוב פלפל

(a) קוביות שרימפס מבושלים וטחון שורש ג'ינג'ר; ואז לשלב עם שרי ורוטב סויה.

(b) מקציפים חלבונים, עם מלח, לקצף ונוקשה, אך לא יבש. מקפלים פנימה תערובת שרימפס.

(c) מחממים שמן לעישון. מוסיפים את תערובת הביצים-שרימפס ומבשלים על אש בינונית-גבוהה, תוך כדי ערבוב מתמיד, עד שהביצים מתחילות להתייצב (3 עד 4 דקות).

30. סופלה צ'ילה-תירס

מכינה: 6 מנות

רכיבים:

- ¼ כוס חמאה או מרגרינה
- ¼ כוס קמח
- 1 כפית מלח
- ¼ כפית פלפל שחור
- ½ כפית פפריקה
- 1 כוס חלב
- 4 ביצים; מופרד
- 2 אונקיות שימורי צ'ילי ירוק חתוך לקוביות
- 1 כוס גרעיני תירס טריים טחונים

הוראות:

a) ממיסים חמאה ומערבבים פנימה קמח, מלח, פלפל ופפריקה. מוסיפים חלב ומבשלים ומערבבים עד שמסמיך.
b) מקציפים חלמונים קלות, מוסיפים כמות קטנה של רוטב חריף, מערבבים ומחזירים את התערובת לרוטב חריף.
c) מבשלים, תוך ערבוב, כמה דקות. מסננים את הצ'ילי ומוסיפים לרוטב. מערבבים פנימה תירס.
d) מקציפים את החלבונים לקצף יציב אך עדיין לח. מקפלים ⅓ חלבונים לתערובת התירס, מערבבים היטב. מקפלים פנימה קלות את יתרת החלבונים.
e) הופכים לצלחת סופלה של 1 ליטר לא משומנת או לתבשיל עם צד ישר.
f) מניחים בתבנית עם מים חמים ואופים בחום של 350F ב-50 דקות.

31. סופלה תירס לנסיגה של בונפרטה

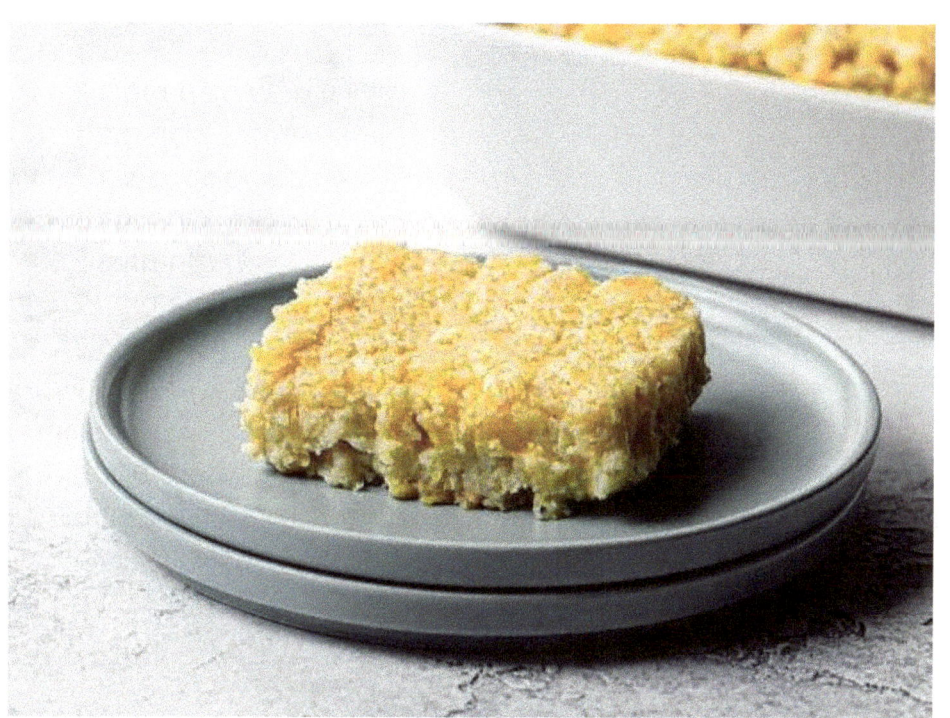

מכינה: 4 מנות

רכיבים:
- 2 כוסות תירס עם גרעין שלם
- 1 כוס חלב
- 2 ביצים, טרופה
- 1 כפית מלח
- 2 כפות חמאה
- 2 כפות קמח
- 2 כפות סוכר

הוראות:

a) מחממים תנור ל-350.

b) מערבבים היטב את כל החומרים בתבנית חסינת תנור. אופים ב-350 מעלות למשך 30 דקות.

c) מערבבים מדי פעם.

32. סופלה פודינג לחם

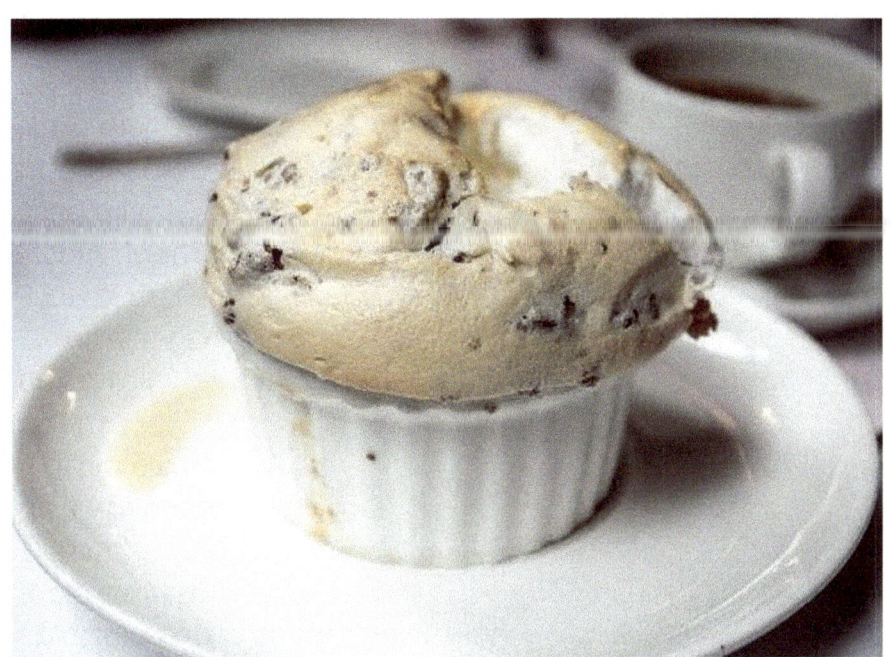

מכינה: 1 מנות

רכיבים:

- 2½ כוס פודינג לחם; מגניב
- ¾ כוס סוכר
- מקש אגוז מוסקט
- 1 כוס סוכר
- 8 כפות חמאה; התרכך
- 5 ביצים; מוּכֶּה
- 1 ליטר קרם כבד
- מקף קינמון
- חמאה
- 6 חלבוני ביצה
- מקש אגוז מוסקט
- 1 כף וניל
- ¼ כוס צימוקים
- 12 פרוסות לחם צרפתי טרי; עובי 1 אינץ'

הוראות:

a) SOUFFLÉ-במיקסר מקציפים חלבונים לאט. מוסיפים סוכר תוך כדי הקצפה מתמדת עד שהמרנג עומד בשיא. מקפלים בעדינות פנימה חלבונים ואגוז מוסקט לתוך תערובת פודינג לחם.

b) מהדקים חמאה לתחתית צלחת הסופלה ולוחצים בסוכר. ממלאים את המנה בתערובת מרנג ופודינג לחם עד לשיא גבוה. אופים בחום של 350~ בתנור שחומם מראש.

c) מוציאים כשהסופלה מזהיב. מגישים עם רוטב בורבון.

d) פודינג לחם-מחממים תנור ל-350~. בקערה גדולה מקציפים יחד סוכר וחמאה. מוסיפים ביצים, שמנת, קינמון, וניל, צימוקים, מערבבים היטב. יוצקים לתבנית מרובעת בגודל 9 אינץ', בעומק 1-¾ אינץ'. מניחים את התבנית בתבנית גדולה יותר מלאה במים בגובה ½ אינץ' מלמעלה. מכסים בנייר אלומיניום.

e) אופים במשך 45 עד 50 דקות. חשפו את הפודינג במשך 10 הדקות האחרונות כדי להשחים את החלק העליון. בסיום, הרפרפר צריך להיות רך, לא יציב.

33. סופלה ברוקולי

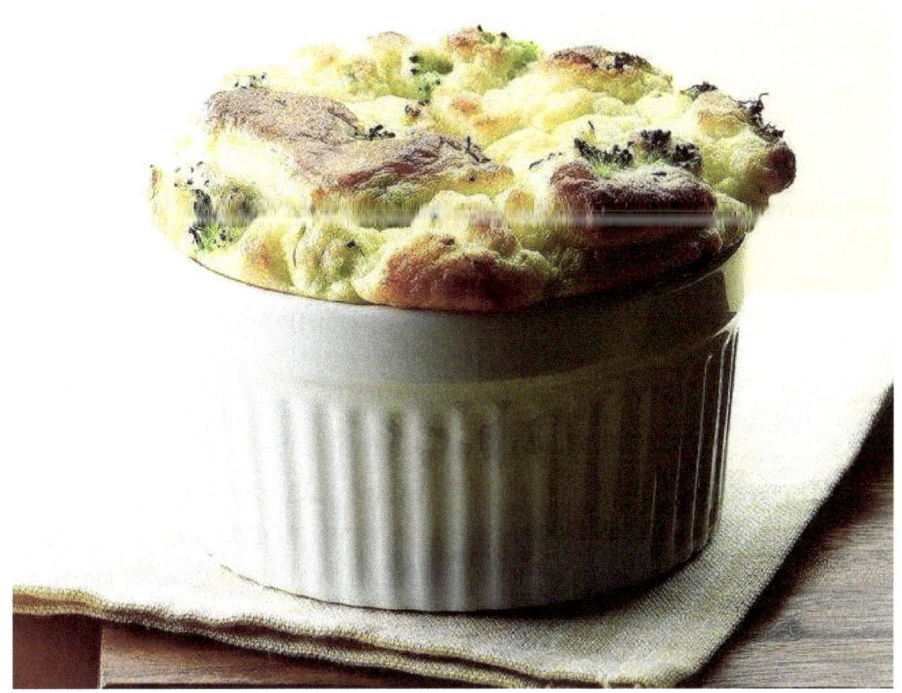

מכינה: 8 מנות

רכיבים:

- 2 חבילות ברוקולי קפוא; (10 אונקיות כל אחת)
- 3 ביצים
- מלח ופלפל לפי הטעם
- 1 כף תערובת מרק בצל
- ½ כוס מיונז
- משמנים לתבנית
- 2 כפות ארוחת מצה מחולקת

הוראות:

a) מבשלים את הברוקולי לפי הוראות האריזה. מסננים היטב.

b) לְהַפְרִישׁ. בקערת ערבוב, טורפים היטב את הביצים עם תערובת המלח, הפלפל והבצל; לחתוך את המיונז ולהמשיך לטרוף עד לקבלת תערובת אחידה. מערבבים פנימה את הברוקולי המבושל. משמנים תבנית אפייה בגודל 7 x11½ אינץ'. יש לפדר קלות ב-1 כף מארוחת המצה. יוצקים ברוקולי בתבנית ומפזרים מלמעלה את יתרת ארוחת המצה.

c) אופים בחום 350 במשך 40-50 דקות, או עד שהחלק העליון מזהיב.

34. סופלה גבינת צ'ילי

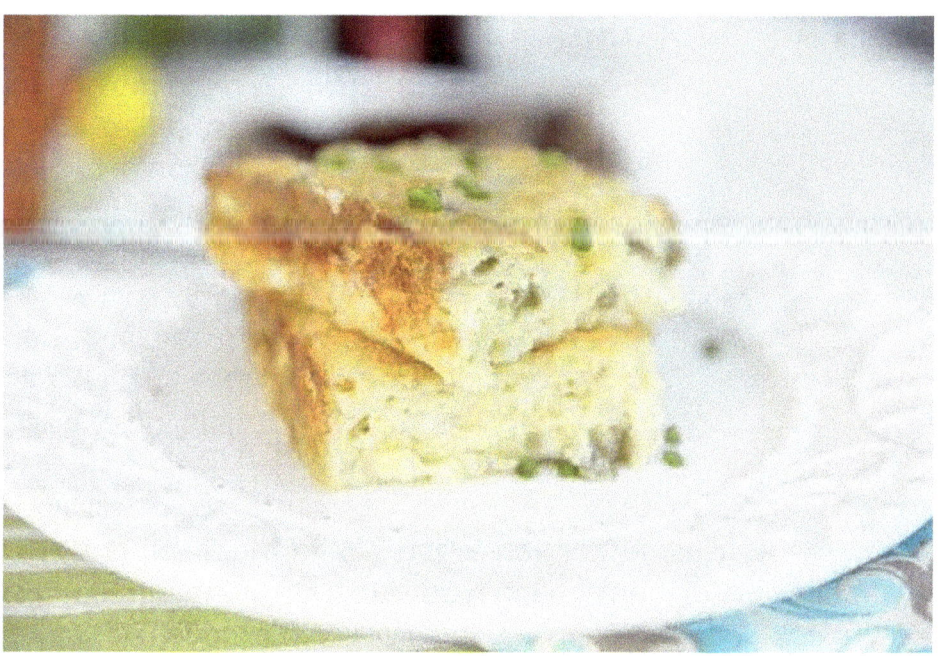

מכינה: 4 מנות

רכיבים:

- 4 כפות חמאה ללא מלח; התרכך
- 4 כפות קמח מנופה לכל מטרה
- 1 כוס חלב חם
- 1 כוס גבינת צ'דר חדה
- 2 כפות ג'לפנוס טרי קצוץ
- ¼ כוס בצל ירוק קצוץ
- ½ כפית מלח
- ½ כפית פלפל שחור גרוס טרי
- 5 ביצים; מופרד

הוראות:

a) מחממים את התנור ל-375 מעלות. חמאה צלחת סופלה של חצי ליטר.

b) בסיר עם תחתית כבדה מביאים את החלב לרתיחה, נזהרים שהוא לא יחרוך או ירתח. מסירים מהאש ושומרים.

c) בסיר שני ממיסים את החמאה על אש נמוכה. מוסיפים את הקמח תוך כדי ערבוב בכף עץ עד לאיחוד מלא.

d) יוצקים ⅓ מהחלב לתערובת החמאה ובעזרת מטרפת תיל מערבבים אותה לחלוטין לפני הוספת החלב הנותר. לאחר הוספת כל החלב, ממשיכים לבשל על אש נמוכה במשך 5 דקות. מוסיפים את הגבינה לתערובת החלב החמה, תוך ערבוב בזהירות.

e) אל תתנו לתערובת לרתוח אחרת הגבינה תיפרד. מערבבים פנימה את הג'לפנו, מלח ופלפל ומסירים מהאש. נותנים לנוזל להתקרר 5 דקות, מוסיפים מספר כפות נוזל לחלמונים ומערבבים יחד. לאחר מכן מוסיפים את החלמונים לתערובת הגבינה והחלב לאט, תוך ערבוב בכף עץ.

f) מעבירים את התערובת לקערת ערבוב ומניחים להתקרר לחלוטין לפני שמסיימים את הסופלה. בקערת מיקסר מקציפים את החלבונים לקצף נוקשה.

g) מקפלים ⅓ מהחלבונים המוקצפים לתערובת הגבינה ולאחר מכן מקפלים בזהירות את שאר החלבונים, נזהרים לא לרוקן את החלבונים.

h) יוצקים את תערובת הסופלה לתבנית הסופלה ואופים 45 דקות. מגישים מיד.

35. סופלה פורצ'יני עם רוטב ושמן כמהין לבן

מכינה: 8 מנות

רכיבים:

- 1½ גרם פטריות פורצ'יני או שיטאקי מיובשות
- 2 כוסות מים רותחים
- 1 כף שמן זית פלוס
- 2 כפיות שמן זית
- 2 כפות גבינת פרמזן מגורדת
- 3 שיני שום; טָחוּן
- 1 שאלוט; טָחוּן
- ¼ כוס עמילן תירס
- 1 כפית מלח
- 6 חלבוני ביצה
- ¼ כפית קרם אבנית
- 2 כפות שמן כמהין לבן; אופציונאלי

רוטב קרם פרמזן

- 1 שן שום; חָצוּי
- 1 כף חמאה
- 1 כף קמח
- 1 כוס חלב
- ¼ כוס גבינת פרמזן מגוררת

הוראות:

a) מניחים פטריות מיובשות בקערה קטנה. יוצקים מים רותחים מעל ונותנים
להם להשרות 20 דקות. מסננים את הפטריות, שומרים את נוזלי ההשריה.
מסננים נוזל דרך בד גבינה.

b) מעבדים פטריות במעבד מזון או בבלנדר עד לחתיכות בגודל של פתיתי פלפל
אדום.

c) משמנים צלחת סופלה ב-2 כפיות שמן זית.

d) מפזרים את הכלי בפרמזן כאילו מפזרים בקמח. מחממים את כף שמן הזית
הנותרת על אש בינונית-נמוכה במחבת קטנה.

e) מוסיפים שום ושאלוט ומבשלים, תוך ערבוב לעתים קרובות, עד שהם
מתרככים וארומטיים, 3 עד 5 דקות. מוסיפים עמילן תירס וטורפים בהדרגה
פנימה 1½ כוסות נוזל פורצ'יני שמורות, ומשלים את ההבדל עם מים במידת
הצורך. מעלים את האש לבינונית-גבוהה ומביאים לרתיחה תוך כדי ערבוב

מתמיד. מרתיחים עד להסמכה, כ-3 דקות. מניחים את התערובת בקערה גדולה.

f) מוסיפים פטריות ומלח. תנו לתערובת להתקרר לטמפרטורת החדר. מקציפים חלבונים וקרם טרטר לקצף נוקשה. מקפלים ¼ מהחלבונים הטרופים לתערובת הפטריות.

g) מקפלים פנימה את שארית החלבונים הטרופים. מזלפים בתבנית סופלה ואופים בחום של 325 מעלות עד שרודק מחבת דק או קיסם יוצא נקי, כשעה. בינתיים מכינים פרמזן

h) רוטב שמנת: לשפשף מחבת קטנה בקצוות חתוכים של שן שום. משאירים ציפורן במחבת. מוסיפים חמאה וממיסים על אש נמוכה.

i) מערבבים פנימה קמח ומבשלים 3 עד 5 דקות על אש נמוכה מאוד. מערבבים חלב; תביא להרתחה. מסירים מהאש ומוסיפים גבינה תוך כדי ערבוב עד להמסה.

j) מגישים סופלה מיד, ומעל כל מנה רוטב שמנת פרמזן וכפית שמן כמהין לבן.

36. סופלה רטטוי ושבר

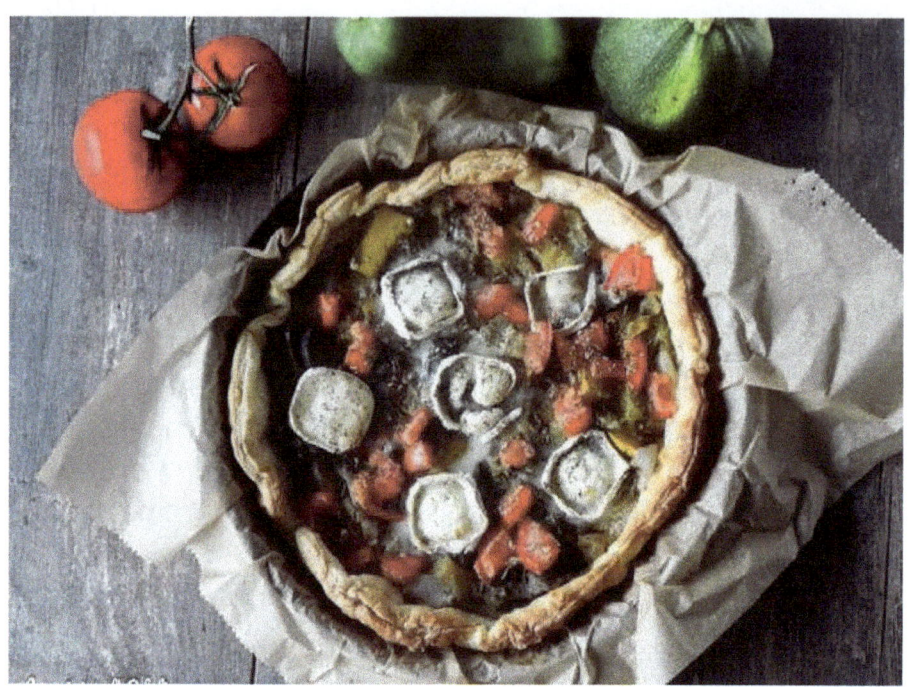

מכינה: סופלה אחד

רכיבים:
2 כפות שמן זית
1½ כוס חציל לא קלוף חתוך לקוביות
2 שיני שום; טָחוּן
½ פלפל אדום מתוק; גרעינים וחתוכים לקוביות
3 פילה אנשובי קצוצים דק
2 כפות עגבניות מיובשות קצוצות דק, ארוזות בשמן
1 כפית רוזמרין טרי טחון או
¼ כפית רוזמרין מיובש בתוספת נוספת לקישוט
3 כפות חמאה ללא מלח
¼ כוס קמח לכל מטרה לא מולבן
1½ כוס חלב
6 חלמונים
6 אונקיות שבר עדין רך, כגון Montrachet
מלח ופלפל; לטעום
8 חלבוני ביצה; בטמפ' החדר.
¼ כפית קרם אבנית

הוראות:
מחממים שמן במחבת מטגנים על אש בינונית גבוהה. מוסיפים חצילים ושום ומאדים 5 דקות. מוסיפים פלפל אדום ומאדים עוד 5 דקות. מוסיפים אנשובי ועגבניות; להקפיץ עוד דקה. מערבבים פנימה 1 כפית. רוזמרין ומניחים בצד.

ממיסים חמאה בסיר כבד בגודל בינוני על אש בינונית. כשהחמאה מתחילה להקציף, מוסיפים קמח ומבשלים תוך ערבוב מתמיד במשך דקה. מערבבים פנימה חלב בהדרגה ומבשלים תוך כדי ערבוב מתמיד עד לקבלת תערובת חלקה וסמיכה.

מסירים מהאש ומוסיפים חלמונים, אחד בכל פעם, תוך טריפה טובה לאחר כל הוספה. מוסיפים 4 אונקיות מהשבר ומערבבים עד שהגבינה נמסה. מחממים את הרוטב קצרות על אש נמוכה אם הוא לא מספיק חם כדי להמיס את הגבינה. מערבבים את תערובת החצילים, מתבלים במלח ופלפל ומניחים בצד. חמאה צלחת סופלה של 2 ליטר.

מקציפים את החלבונים וקורט מלח בקערת מיקסר עד לקבלת קצף.

מפזרים קרם טרטר וממשיכים להקציף עד שהחלבונים בקושי נוקשים ועומדים בפסגות רכות. אל תרביץ, כי הם לא צריכים להיות יבשים. מקפלים בעדינות את החלבונים לתוך בסיס הסופלה.

יוצקים בעדינות את הבלילה לתוך המנה המוכנה. מפזרים מלמעלה את יתרת השבר ורוזמרין נוסף.

אופים ב-F 400. עד שתפוח היטב והזהבה, 30 עד 40 דקות. מגישים מיד.

37. סופלה של נבטי בריסל

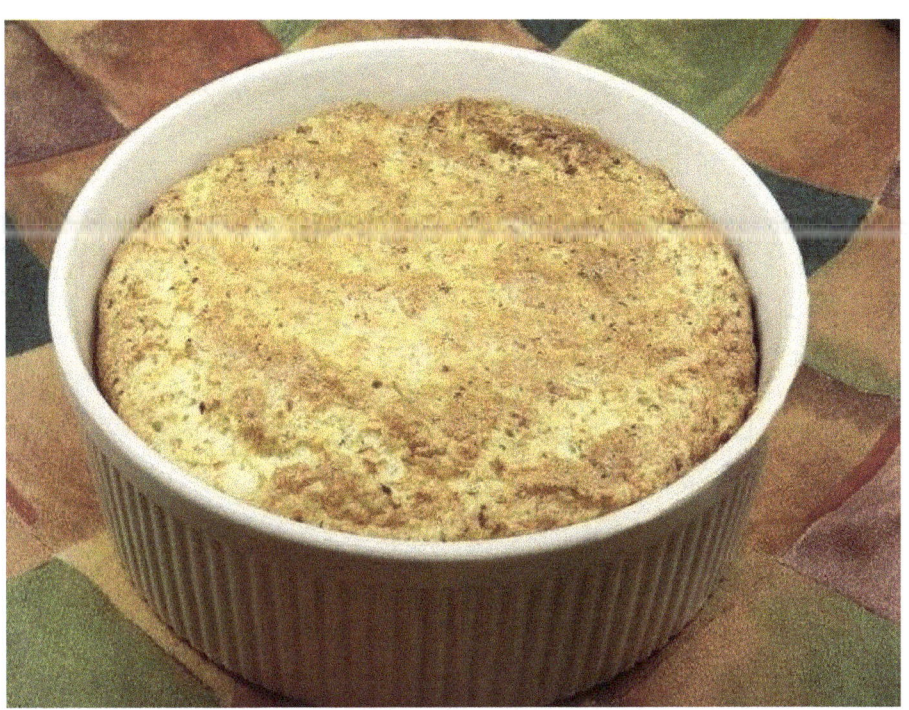

מכינה: 2 מנות

רכיבים:
- 2 ידיים מלאות בריסל
- נבטים
- 2 עגבניות
- 1 בצל, קצוץ דק
- 1 כפית מרק בקר, מיידי
- 6 אונקיות גבינה מגורדת
- פלפל
- מלח
- אגוז מוסקט
- פפריקה
- פלפל קיין

הוראות:

a) מכסים נבטי בריסל במים ומתבלים במלח, פלפל ואגוז מוסקט. מכניסים למיקרוגל ומבשלים על HIGH במשך 7 דקות.

b) מערבבים את הבשר הטחון עם מלח, פלפל, פפריקה, פלפל קאיין והבצל.

c) מטגנים במעט שמן עד שהכל מתפורר יפה; מוסיפים את העגבניות הקלופות והחתוכות לקוביות. מנמיכים את האש לנמוכה ומוסיפים מרק אינסטנט כאשר מיץ העגבניות מתאדה מספיק.

d) שמים את נבטי הבריסל ואת תערובת הבשר בצורת סופלה ומפזרים מעל את הגבינה.

e) אופים בתנור בחום של 200 מעלות כ-15 דקות, עד שהגבינה מתחילה להשחים.

.38 סופלה קדירה של Huevos ranchero

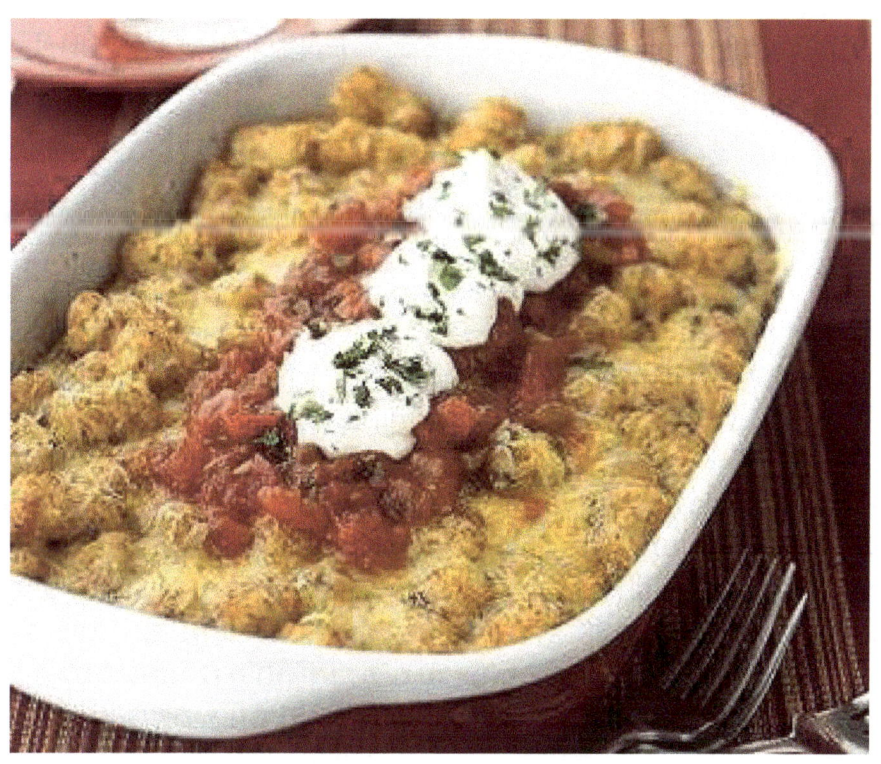

מכינה: 12 מנות

רכיבים:

1½ כף חמאה ללא מלח; התרכך

6 פלפלים באורך של כ-6 אינץ'

12 ביצים; מופרד

4 כוסות גבינת צ'דר מגוררת

2 כוסות גרעיני תירס טריים או קפואים

1 כוס חלב

2 פלפלי ג'לפנו זרעים וממברנות הוסרו וקוצצו

1 כפית מלח; או לפי הטעם

פלפל שחור טחון טרי

6 כוסות סלסה קנויה או ביתית מחוממת

הוראות:

מחממים תנור ל-450F. החמאה תבנית זכוכית או חרס עמידה בתנור בגודל 9 על 13 אינץ'. חורצים חתך לאורכו של כל פלפל חריף ומסירים את הגבעול, הזרעים והקרומים, תוך שמירה על שלמות הפלפלים. ממלאים סיר או מחבת בגודל בינוני עד מחציתו במים ומביאים לרתיחה. מוסיפים את הפלפלים, נותנים למים לחזור לרתיחה ומבשלים עד שהפלפלים רק מתרככים, כ-3 דקות. מוציאים ומייבשים אותם מאוד עם נייר סופג. תנו להם להתקרר לגמרי ואז מרפדים בהם את תחתית התבשיל.

מפרידים את הביצים ל-2 קערות גדולות. מקציפים את החלמונים עד לקבלת תערובת חלקה, ואז מערבבים פנימה את הגבינה, התירס, החלב, פלפלי הג'לפנו ומלח ופלפל שחור. מקציפים את החלבונים עד שנוצרים פסגות רכות, ואז מקפלים אותם לתוך תערובת החלמונים, תוך ערבוב עדין רק עד כמעט תערובת.

מגרדים את התערובת לתוך הכלי המוכן ומעבירים אותה לרשת האמצעית של התנור שחומם מראש. אופים רק עד שהביצים תפוחות והחלק העליון משחים קלות, כ-7 דקות. מנמיכים את האש ל-325F וממשיכים לבשל עד שהביצים אפויות אך לא יבשות, 22 עד 25 דקות. בדוק על ידי הכנסת סכין למרכז. זה אמור לצאת כמעט נקי. מסירים את התבנית ומניחים לה לשבת כמה דקות לפני שחותכים את התבשיל ל-12 מלבנים. מגישים כל מנה עם קצת סלסה בכף מעל.

39. סופלה אורז תפוחים

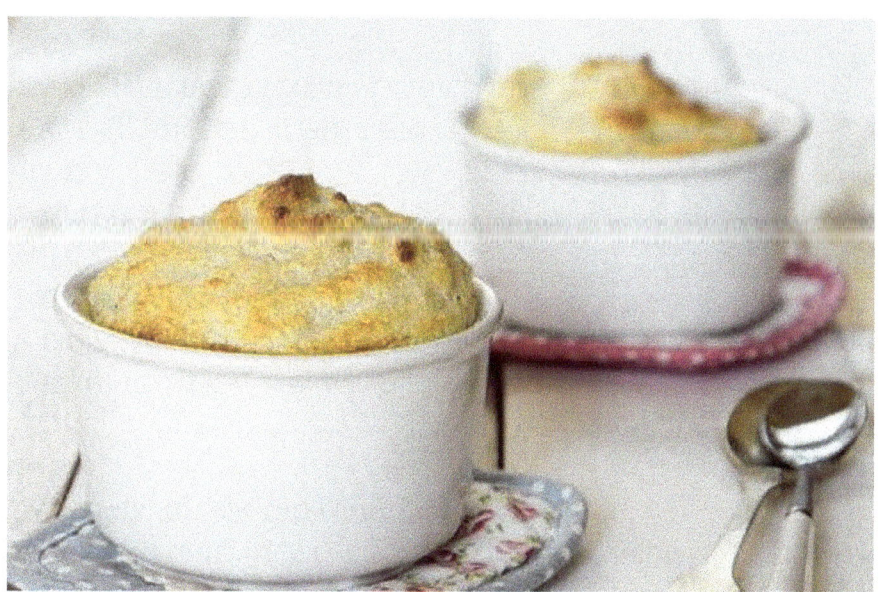

מכינה: 4 מנות

רכיבים:
- ¾ כוס אורז מועשר בגרגרים ארוכים במיוחד
- 1 כל ביצה, מופרדת, או שתי ביצים
- לְבָנִים
- 1 כף דבש
- גרידת לימון מ-2/1 לימון
- 1 כל תפוח, קלוף וחתוך לקוביות
- ¼ כוס צימוקים
- ¼ כפית תמצית וניל, רום או ברנדי

הוראות:
a) מביאים סיר גדול של מים לרתיחה.
b) מוסיפים את האורז ומבשלים על אש בינונית-נמוכה במשך 14 דקות, או עד לריכוך.
c) מסננים ושוטפים קצרות במים קרים. לְהַפְרִישׁ.
d) מניחים 1 מהחלבונים בקערה קטנה ומקציפים עם תערובת חשמלית לקצף יציב.
e) מניחים את העול (או הלבן הנותר) בקערה גדולה.
f) מוסיפים את הדבש וקליפת הלימון.
g) מקציפים במיקסר חשמלי כ-3 דקות.
h) מקפלים פנימה את האורז, התפוח, הצימוקים והתמצית.
i) מקפלים פנימה את חלבון הביצה הטרופה. מצפים תבשיל חצי ליטר בתרסיס מונע הידבקות.
j) מוסיפים את תערובת האורז.
k) אופים בחום של 350 מעלות צלזיוס במשך 25-30 דקות, או עד להתייצבות.
l) מגישים חם או קר.

40. סלט סופלה עוף

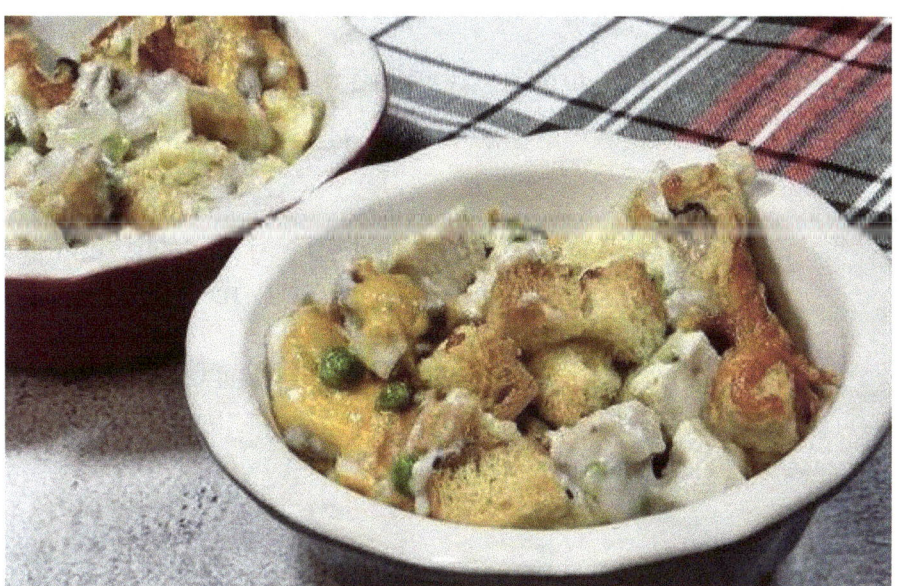

מכינה: 6 מנות

רכיבים:

- 1 כל חבילה של 3 אונקיות ג'1אטין בטעם לימון
- 1 כוס מים חמים
- ½ כוס מים קרים
- ½ כוס מיונז
- 2 כפות מיץ לימון, טרי, קפוא או משומר
- 1¼ כפית מלח שנות ה-70
- מקש פפר
- 1½ כוס עוף מבושל חתוך לקוביות
- ½ כוס סלרי חתוך דק
- ⅓ כוס שקדים מולבנים קלויים
- ¼ כוס פימינטו קצוץ
- ¼ כוס פלפל ירוק קצוץ
- 1 כפית בצל מגורר

הוראות:

a) ממיסים ג'לטין במים חמים. מוסיפים מים קרים, מיונז, מיץ לימון, מלח ופלפל.

b) מקציפים עם מקצף חשמלי או סיבובי עד לקבלת תערובת אחידה. יוצקים לתוך מגש המקרר.

c) מצננים במהירות ביחידת ההקפאה 15 עד 20 דקות, או עד שהוא יציב במרחק של כ-1 אינץ' מהקצה אך רך במרכז. הופכים לקערה ומקציפים עד לקבלת תערובת אוורירית. מקפלים פנימה את שאר החומרים.

d) מניחים בתבנית כיכרות בגודל 8½ 2 x ½ 4 x ½ אינץ'. מצננים עד להתייצבות. לא עובש על מצע של אנדיב מתולתל. מקשטים את הדף עם עץ חג המולד עשוי חתיכות פימינטו.

41. סופלה מקרוני

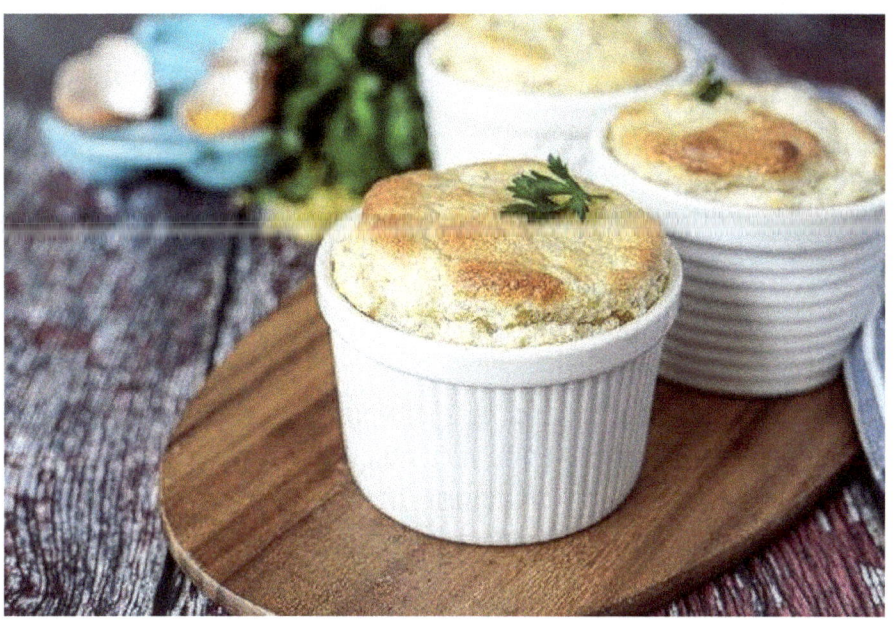

מכינה: 5 מנות

רכיבים:
18 אונקיות מקרוני
3 אונקיות גבינת גאודה
18 אונקיות בשר בקר טחון
1 בצל
1 קופסת עגבניות מרוסקות, קטנות
חבילה 1 רוטב לבן

הוראות:
מבשלים את האטריות לפי ההוראות. 2.מטגנים את הבשר עם הבצל הקצוץ
ורסק העגבניות במחבת עד לקבלת בשר פירורי. מתבלים במלח ופלפל לפי
הטעם. 3.משמנים תבנית סופלה ומערבבים בה אטריות ובשר לסירוגין.
4.מכינים את הרוטב לפי ההוראות ויוצקים על הכל. 5. מבשלים בתנור 200
מעלות צלזיוס למשך 30 דקות.

42. סופלה אטריות ופטריות

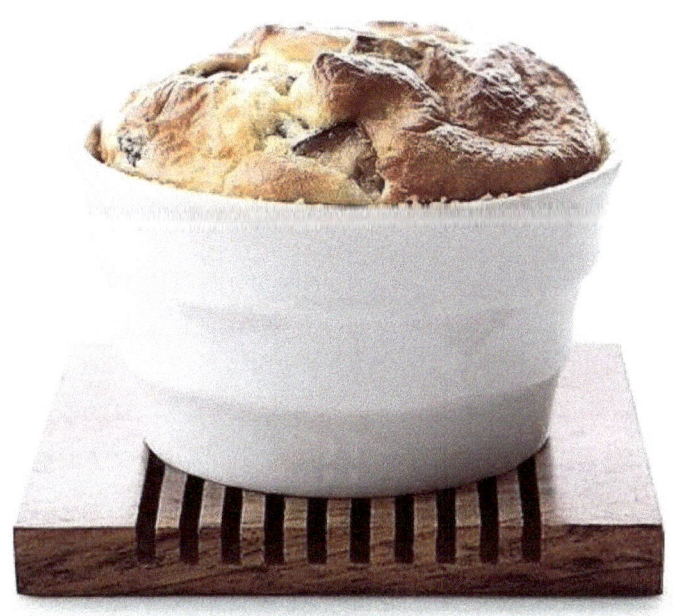

מכינה: 4 מנות

רכיבים:

- 9 אונקיות נודלס
- 18 אונקיות בשר בקר טחון
- 1 קופסת פטריות
- 7 עגבניות
- 1 כרישה
- 1 חבילה פרוסות גבינה אמריקאית
- 1 חבילה פרוסות גבינת אמנטל
- 4 ביצים
- 15 אונקיות שמנת
- עירית קפואה, לפי הטעם
- 1 שן שום

הוראות:

a) חותכים פטריות, כרישה ועגבניות לפרוסות.
b) מבשלים אטריות במי מלח לפי ההוראות.
c) מטגנים את בשר הבקר הטחון עם הכרישה והפטריות בשמן לזמן קצר, מתבלים במלח, פלפל ושום.
d) מקבלים מחבת סופלה ומכניסים באופן הבא; אטריות, עגבניות, גבינה, אטריות, עגבניות, גבינה.
e) הטופס צריך להיות מלא רק ¾.
f) מערבבים ביצים, שמנת, עירית, פלפל ומלח יחד ויוצקים מעל, באופן שווה. אופים בתנור 200-220 מעלות צלזיוס במשך 45-50 דקות.

43. סופלה ארטישוק וצדפות

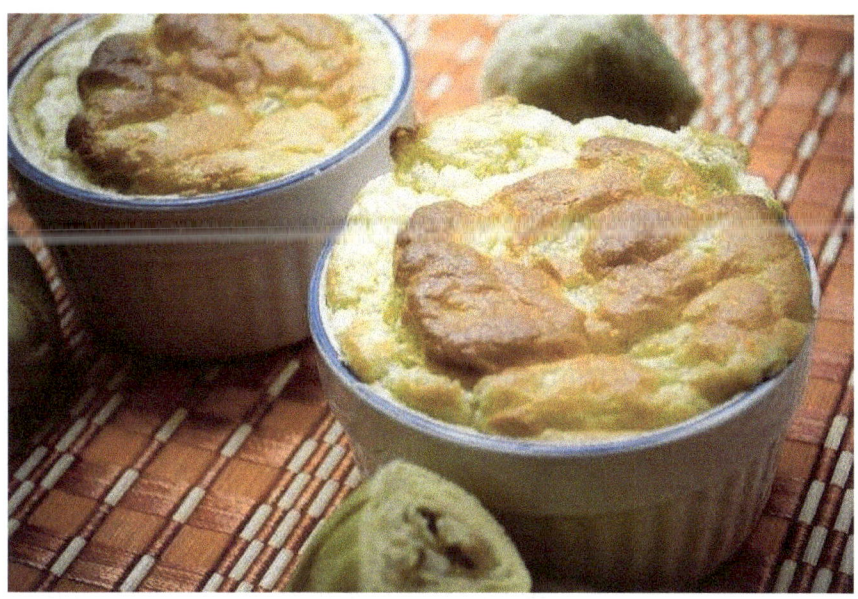

מכינה: 4 מנות

רכיבים:

- 4 ארטישוק בינוניים
- 1 לימון בינוני, חצוי
- בסיס סופלה צדפות
- רוטב צדפות

הוראות:

a) חותכים את הארטישוק ומשפשפים את הקצוות החתוכים בלימון.
b) זורקים את הארטישוק למים רותחים ומומלחים ומבשלים 30 דקות או עד שהתחתית רק רכה ועלה נשלף החוצה בהתנגדות קלה בלבד.
c) מוציאים את החנק מהמים, יוצרים מחדש את הארטישוק המבושל וממלאים את בסיס הסופלה.
d) חממו מראש את התנור ל-375 F.
e) אופים 20 דקות או עד שהסופלה תפוח ושחום.
f) מגישים בתוספת רוטב צדפות.

44. סופלה אספרגוס

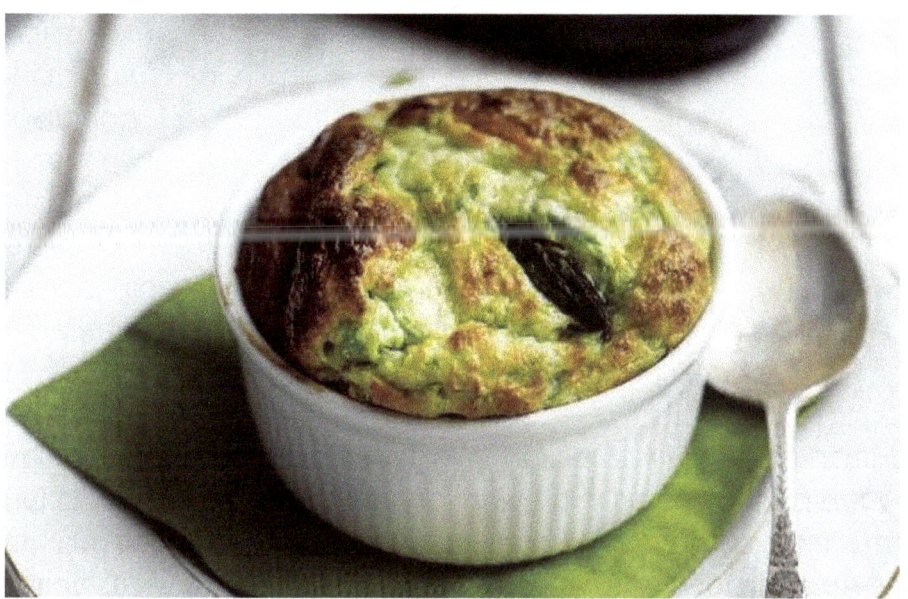

מכינה: 4 מנות

רכיבים:
¼ כוס חמאה או מרגרינה
¼ כוס קמח
¼ כפית מלח
⅛ כפית פלפל
1 כוס חלב
4 ביצים; מופרד
1 כוס אספרגוס קצוץ דק מבושל; מרוקן היטב

הוראות:
עם חמאה, קמח וחלב יוצרים רוטב חלק. מסירים מהאש ומוסיפים חלמונים, מערבבים. מערבבים פנימה אספרגוס. מקציפים חלבונים לקצף יציב; מקפלים בזהירות לתערובת. אופים בתבנית משומנת של 2 ליטר (צד ישר) בתנור שחומם מראש 30-40 דקות ל-375 מעלות, או עד שתפוח וסכין מוכנסת ייצא נקי. מגישים בבת אחת. עושה 4 מנות. אפשר להחליף את האספרגוס בירקות אחרים.

45. סופלה סלט אבוקדו

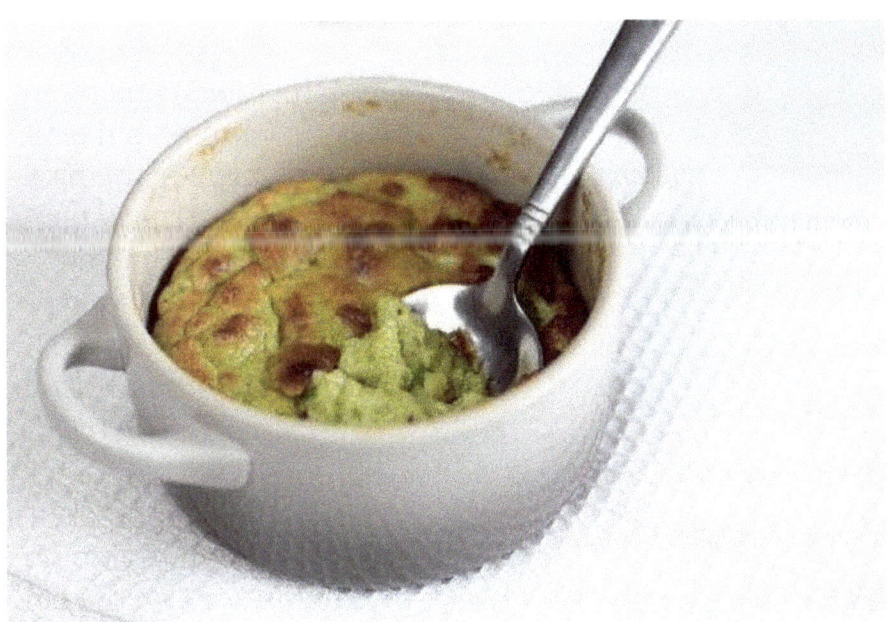

מכינה: 12 מנות

רכיבים:

- חבילה אחת (3 אונקיות) ג'לטין ליים
- 1 כוס מים חמים
- פחית אחת (20 אונקיות) אננס כתוש; סחוט; מיץ מילואים
- 1 כוס אבוקדו קצוץ
- ½ כוס אגוזי פקאן קצוצים
- 2 כפות מיץ לימון
- ½ כוס מיונז
- ½ כוס שמנת; מוּקצָף
- 1 קורט מלח

הוראות:

a) ממיסים ג'לטין במים חמים; לתת להתקרר.

b) מוסיפים מיץ לימון, מיץ אננס, מיונז ומלח.

c) מערבבים היטב במיקסר ומניחים להתקרר עד להסמכה.

d) יוצקים למגשי קרח במקפיא לכמה דקות.

e) הופכים לקערת ערבוב; מקציפים עד לקבלת מרקם אוורירי. מקפלים פנימה שמנת, אבוקדו, אגוזים ואננס.

f) יוצקים לתבניות.

46. סופלה ירוק סלק

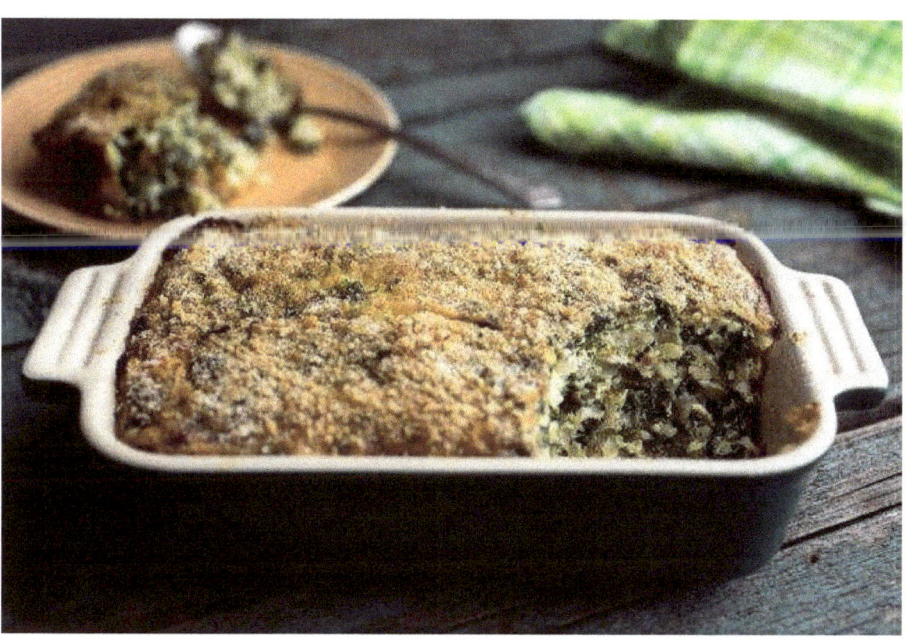

מכינה: סופלה אחד

רכיבים:

3 כפות גבינת פרמזן; מְגוּרָד
2 סלק מדיום; מבושל ומקולף
2 כפות חמאה
2 כפות קמח
¾ כוס מרק עוף; חַם
1 כוס עלי סלק; מוקפץ
½ כוס גבינת צ'דר; מְגוּרָד
3 חלמונים
4 חלבוני ביצה

הוראות:

חמאה 1 qt a. מנת סופלה; מפזרים גבינת פרמזן. פורסים את הסלקים המבושלים ומרפדים בהם את תחתית צלחת הסופלה.

בסיר קטן ממיסים את החמאה, מערבבים פנימה את הקמח, מוסיפים את המרק החם וממשיכים לבשל עד שמסמיך מעט, ואז מעבירים לקערה גדולה יותר. קוצצים גס את עלי הסלק ומוסיפים לרוטב יחד עם גבינת צ'דר.

בקערה נפרדת מקציפים חלמונים; מערבבים אותם עם תערובת ירוק סלק. מקציפים חלבונים עד שהם יוצרים פסגות. מקפלים לקערה עם מרכיבים אחרים; למזג היטב. מעבירים הכל לצלחת סופלה עם חמאה. מפזרים גבינת פרמזן.

אופים ב-350 F. במשך 30 דקות, או עד שהסופלה תפוח וזהוב.

47. סופלה דלעת חמאה

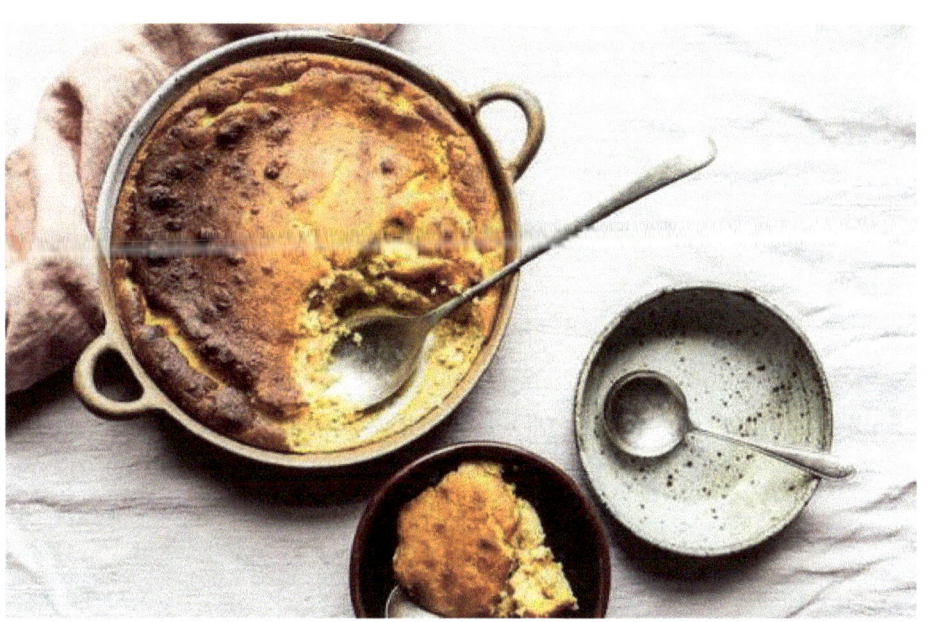

מכינה: 8 מנות

רכיבים:
- 2 כוסות דלעת חמאה, מבושלת ומעוכה
- 1 כוס חלב
- 1 מקל מרגרינה
- 1 כוס סוכר
- 3 ביצים
- לטעום לפי הרצון

הוראות:

a) מערבבים את כל החומרים ומניחים בתבנית אפייה. מבשלים ב-F'350. למשך 40 דקות.

b) מערבבים פעם אחת במהלך האפייה.

חוניק

48. סופלה ענני שוקולד

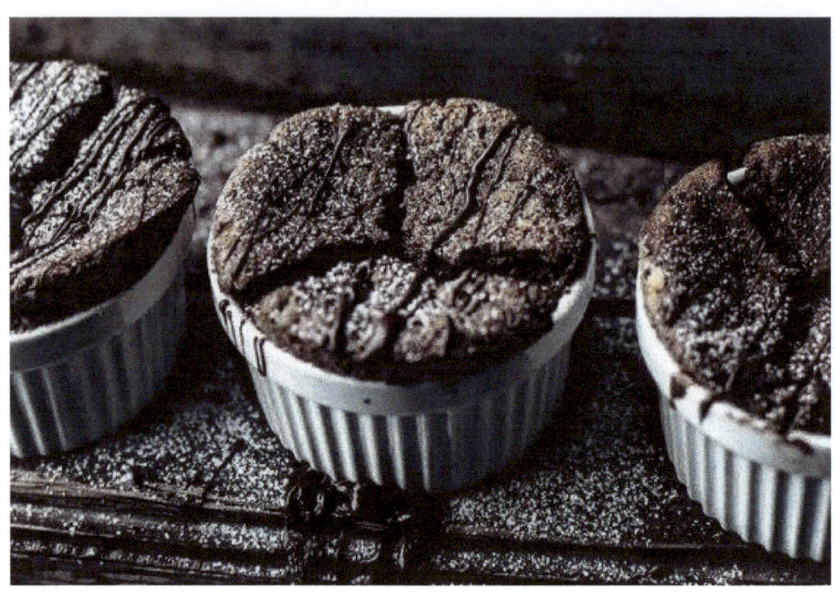

מכינה: 5 מנות

רכיבים:
- ⅓ כוס שמנת בהירה 3 חלמונים
- 1 כל חבילה של 3 אונקיות של מלח דאש
- גבינת שמנת 3 חלבוני ביצה
- ½ כוס מתוק למחצה
- וונינוות שוקולו
- 3 כפות מנופה
- אבקת סוכר

הוראות:

a) מערבבים שמנת וגבינת שמנת על אש נמוכה מאוד. מוסיפים חתיכות שוקולד; מחממים ומערבבים עד להמסה. מגניב. מקציפים חלמונים ומלח עד לקבלת צבע סמיך וצבע לימון. מערבבים בהדרגה לתוך תערובת השוקולד. מקציפים חלבונים עד שנוצרים קצף רך.

b) הוסיפו בהדרגה סוכר תוך כדי הקצפה לשיאים נוקשים; מקפלים פנימה את תערובת השוקולד. יוצקים לכלי סופלה של 1 ליטר לא משומנים או לתבשיל.

c) אופים בתנור איטי ב-300 מעלות למשך 45 דקות או עד שהסכין המוכנסת יוצאת נקייה.

49. עוגת סופלה שוקולד

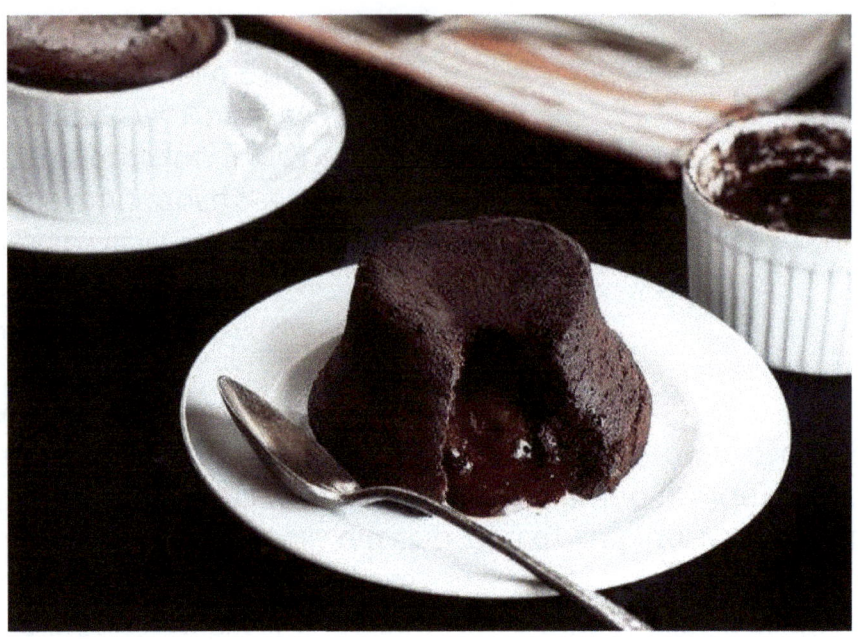

מכינה: 8 מנות

רכיבים:

- שמן צמחי נון-סטיק
- תַרסִיס
- 14 כפות סוכר
- ¾ כוס אגוזי מלך קלויים
- ½ כוס אבקת קקאו לא ממותק
- 3 כפות שמן צמחי
- 8 חלבוני ביצה גדולים
- 1 קורט מלח
- אבקת סוכר

הוראות:

a) מורחים תבנית ונייר בתרסיס שמן צמחי.

b) מפזרים על מחבת 2 כפות סוכר. טוחנים דק אגוזים עם 2 כפות סוכר במעבד.

c) מעבירים את תערובת האגוזים לקערה גדולה. מערבבים פנימה 10 כפות סוכר וקקאו, ואז שמן.

d) בעזרת מיקסר חשמלי מקציפים חלבונים ומלח בקערה גדולה עד שנוצרים קצף רך. מקפלים את הלבנים לתערובת הקקאו ב-3 תוספות.

e) כף בלילה לתבנית מוכנה; חלק עליון.

f) אופים עד שפחזניות עוגה ובוחן המוכנסים למרכז יוצאים עם פירורים לחים מחוברים, כ-30 דקות.

50. סופלה תותים

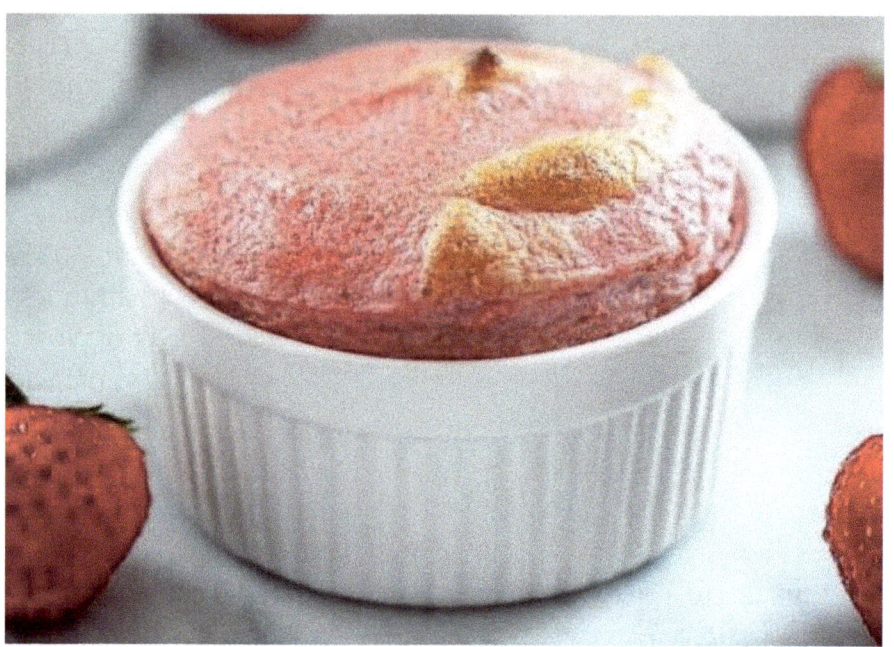

עושה: 6

רכיבים:
● 18 אונקיות תותים טריים, קלופים ומטוגנים
● ⅓ כוס דבש גולמי
● 5 חלבוני ביצה אורגניים
● 4 כפיות מיץ לימון טרי

הוראות:
a) חממו מראש את התנור ל-350ºF.
b) מערבבים בקערה את מחית התותים, 3 כפות דבש, 2 חלבונים ומיץ הלימון, ומערבבים עד לקבלת תערובת תפוחה ובהירה.
c) בקערה אחרת מוסיפים את שאר החלבונים ומקציפים עד לקבלת תערובת תפוחה.
d) מערבבים פנימה את יתרת הדבש.
e) מערבבים בעדינות את החלבונים לתוך תערובת התותים.
f) מעבירים את התערובת באופן שווה ל-6 רמקינים ועל תבנית אפייה.
g) מבשלים כ-10-12 דקות.
h) מוציאים מהתנור ומגישים מיד.

51. סופלה כרוב מאודה אוקראיני

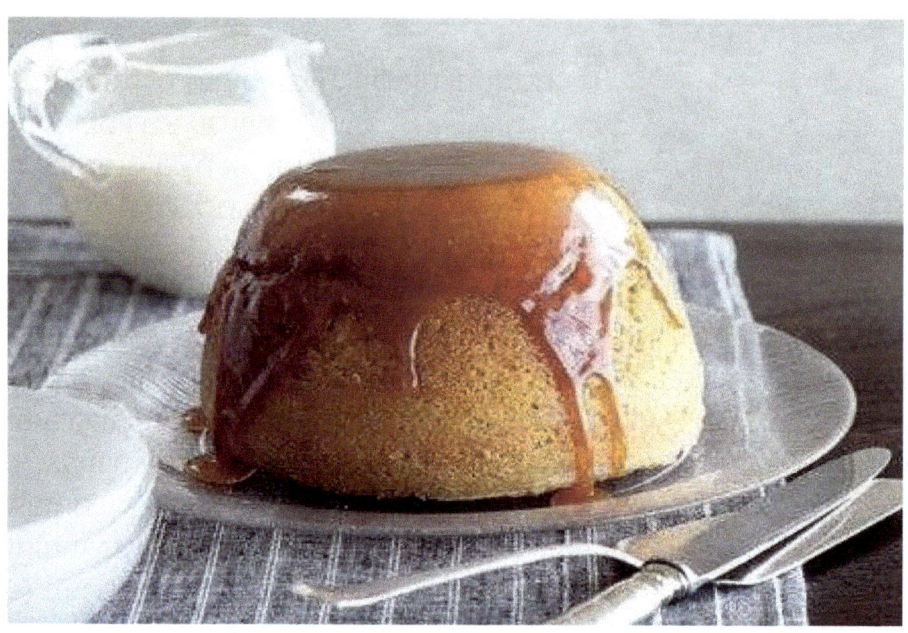

מבינה: 8 מנות

רכיבים:

- 1 כל כרוב, גדול, עם העלים החיצוניים שלמים
- 1 כל בצל, גדול, טחון
- 4 כפות חמאה
- 1½ כפית מלח
- ¾ כוס חלב
- ½ כפית פתיתי פלפל אדום
- 1 כפית פלפל לבן
- 1 כפית מיורן
- 3 חלמונים
- 5 חלבוני ביצה
- 1 כפית סוכר
- ½ כל שן שום, קצוצה

הוראות:

a) ליבנה כרוב ומסירים את העלים החיצוניים. הבלו את העלים החיצוניים הגדולים הללו במים רותחים למשך 5 דקות. מסננים ומניחים בצד. ליבנו את הכרוב, חותכים לקוביות ומכניסים לסיר גדול.

b) יוצקים את החלב על הכרוב ומבשלים 25 דקות או עד שהכרוב רך. מטגנים את הבצל והשום בחמאה.

c) מערבבים את הכרוב הקצוץ, הבצל והשום, החמאה מההקפצה, פירורי הלחם, החלמונים והתבלינים.

d) מקציפים את החלבונים עד שהם נוקשים אך לא יבשים, ואז מקפלים אותם לתוך התערובת. מורחים את עלי הכרוב המולבנים על בד גבינה גדול.

e) עורמים את תערובת המילוי במרכז העלים.

f) מקפלים את העלים עד לכיסוי המילוי. מאחדים את פינות בד הגבינה וקושרים אותן יחד עם חוט.

g) מניחים את הצרור הזה בזהירות לתוך מסננת, ומניחים את המסננת לתוך סיר עמוק מעל כמה סנטימטרים של מים.

h) מכסים את הסיר כך שיאטם.

i) מביאים את הסיר לרתיחה ומרתיחים 45 דקות.

j) עד לבד הגבינה, הופכים ומסירים את בד הגבינה.

k) מגישים על ידי חיתוך הסופלה לרצועות.

52. סופלה משמש ופיסטוק

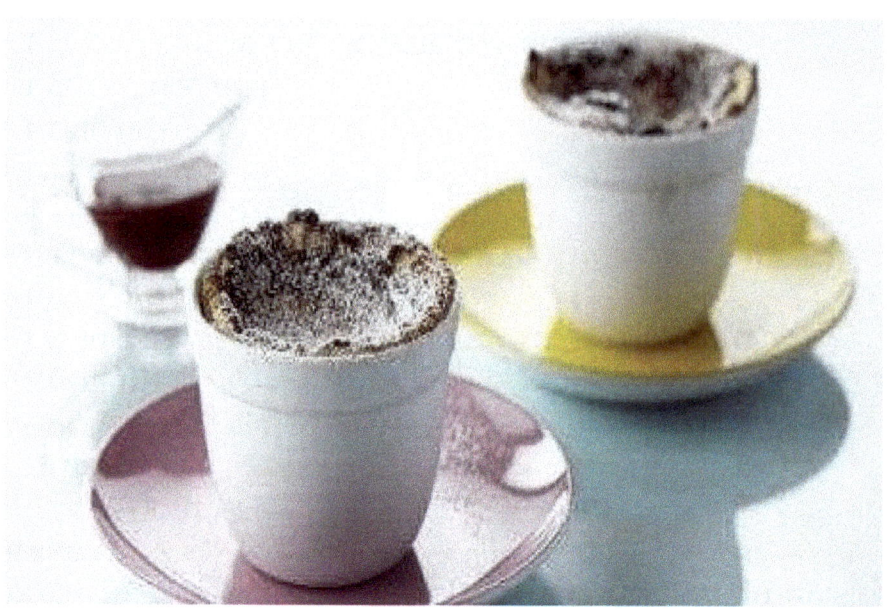

עושה: 6 - 8

רכיבים:

- 3 כפות חמאה
- 4 כפות קמח
- 1½ כוס חלב
- 6 חלמונים
- 8 חלבוני ביצה
- קורט מלח
- ⅛ כפית קרם טרטר
- ½ ריבת משמש ואננס
- ½ ריבת משמש ואננס
- ¼ כפית תמצית שקדים
- 2 תמצית שקדים
- קצפת
- משמשים מיובשים, מושרים
- אגוזי פיסטוק קלופים
- ברנדי משמש
- אבקת סוכר
- אגוזי פיסטוק טחונים

הוראות:

a) מחממים תנור ל-F-400.

b) ממיסים את החמאה ומוסיפים את הקמח. מוסיפים את החלב תוך כדי ערבוב הדרגתי עם מטרפת תיל לקבלת רוטב חלק וסמיך.

c) מוסיפים את הסוכר. מסירים מהאש ומוסיפים את החלמונים בזה אחר זה.

d) מוסיפים את תמצית השקדים, המשמשים המנוקנים והקצוצים, אגוזי הפיסטוק והברנדי האופציונלי. מקציפים את החלבונים, עם קורט מלח וקרם טרטר, לקצף יציב.

e) מקפלים פנימה את תערובת המשמשים ומכפיפים לתבנית סופלה של 6 כוסות חמאה ומסוכרות. הכניסו את הסופלה לתנור והנמיכו מיד את החום ל-F 375. אופים במשך 25 דקות.

53. סופלה קלנדולה

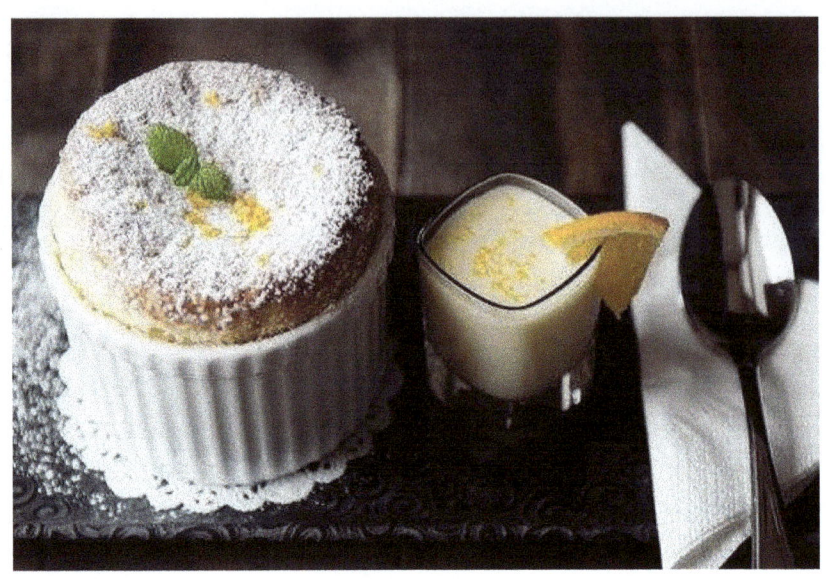

מכינה: 4 מנות

רכיבים:

- 1 כף חמאה
- 2 כפות גבינת פרמזן
- 6 ביצים
- ½ כוס חצי וחצי
- ¼ כוס פרמזן מגוררת
- 1 כפית חרדל מוכן
- ½ כפית מלח
- ½ כפית קאיין
- 1 קורטוב אגוז מוסקט
- ½ פאונד צ'דר חד; לחתוך לחתיכות קטנות
- 10 אונקיות גבינת שמנת; לחתוך לחתיכות קטנות
- ½ כוס עלי כותרת של קלנדולה

הוראות:

a) מורחים חמאה בתוך כלי סופלה של 5 כוסות. מפזרים את 2 כפות הפרמזן.

b) מקציפים ביצים, ¼ כוס פרמזן, חצי וחצי, חרדל, מלח, קאיין ואגוז מוסקט בבלנדר עד לקבלת תערובת חלקה. בזמן שהמנוע עדיין פועל, הוסף צ'דר חתיכה אחר חתיכה, ולאחר מכן את גבינת השמנת. יוצקים לכלי מוכן ומערבבים פנימה עלי כותרת של קלנדולה.

c) אופים במשך 45 עד 50 דקות ב-375F, או עד שהחלק העליון מזהיב וסדוק מעט. מגישים מיד, מקשטים בעוד פרחי קלנדולה.

54. סופלה לימון שנפל

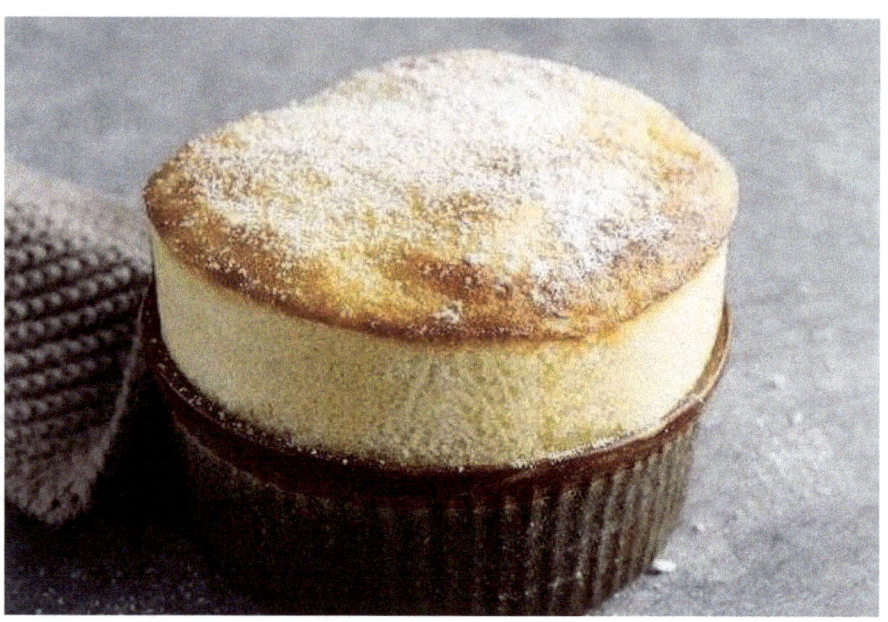

מכינה: מנה אחת

רכיבים:

- 3 ביצים גדולות; מופרד
- 3 כפות סוכר
- 1½ כפות קמח רגיל
- 2 כפיות חמאה מומסת
- 100 מ"ל מיץ לימון טרי
- 1 כף גרידת לימון
- 190 מ"ל חלב
- 2 כפיות חמאה מומסת; תוֹסֶפֶת
- 3 כפות סוכר; תוֹסֶפֶת
- עלי נענע טריים
- קנו סורבה או גלידה

הוראות:

a) מחממים את התנור ל-180 מעלות. וחמאה שש מנות סופלה.
b) מפזרים עליהם את תוספת הסוכר ומניחים בצד.
c) מקציפים את החלמונים והסוכר עד לקבלת קרם סמיך ואז מוסיפים את הקמח והחמאה וממשיכים להקציף עד שהסוכר נמס היטב.
d) מערבבים פנימה את מיץ הלימון, גרידת הלימון והחלב וטורפים עד שהבלילה חלקה.
e) בקערה נפרדת, מקציפים את החלבונים עד ל"קצף" ואז ממשיכים להקציף תוך הוספת הסוכר. מקציפים במהירות גבוהה עד שהחלבונים נוקשים ומבריק.
f) מקפלים את החלבונים לתוך בלילת הלימון ואז מחלקים את הבלילה באופן שווה בין מנות הסופלה המוכנות.
g) מניחים את תבשילי הסופלה בתבנית אפייה, ולאחר מכן ממלאים במים קרים עד לגובה המים עד מחצית דפנות כלי הסופלה.
h) אופים אותם ב-180c. למשך 40 דקות.
i) לאחר סיום האפייה של הסופלה, מוציאים אותם מאמבט המים ומכניסים אותם למקרר למשך 30 דקות לפחות או עד 6 שעות.
j) להגשה, אפשרו להם לחזור לטמפרטורת החדר ואז העבירו סכין מסביב לקצה של כל צלחת סופלה והופכים את הסופלה על צלחת הגשה.
k) מפדרים באבקת סוכר ומקשטים בעלי נענע. מגישים עם שמנת סמיכה או גלידה אם רוצים.

55. סופלה חמוציות קפוא עם סוכר סחוט

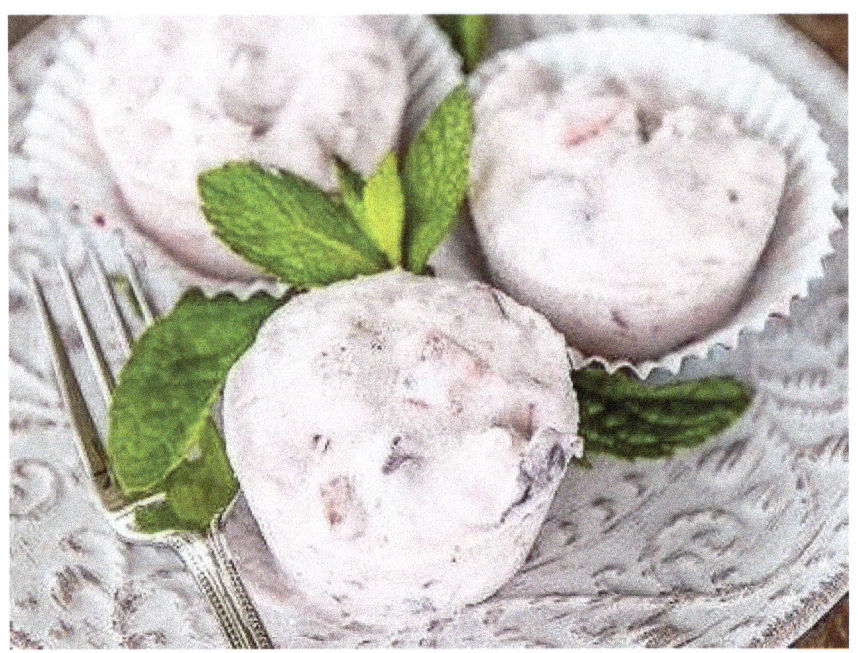

מכינה: 2 מנות

רכיבים:
- 2½ כוסות חמוציות, שנאספו
- ⅔ כוס סוכר
- ⅔ כוס מים

למרנג האיטלקי:
- ¾ כוס סוכר
- ⅓ כוס מים
- 4 חלבוני ביצה גדולים
- 2½ כוסות קרם כבד וצונן היטב עבור זר הסוכר המסתובב:
- ½ כוס סירופ תירס קל
- ¼ כוס סוכר
- ½ כוס חמוציות, שנאספו
- ענפי נענע לקישוט

הוראות:

a) מכינים את תערובת החמוציות: בסיר כבד מערבבים את החמוציות, הסוכר והמים ומביאים את התערובת לרתיחה תוך כדי ערבוב עד שהסוכר נמס. מבשלים את התערובת, תוך ערבוב מדי פעם, במשך 5 דקות, או עד שהיא מסמיכה, ומצננים לחלוטין.

b) מכינים את המרנג האיטלקי: בסיר קטן וכבד מערבבים את הסוכר והמים ומביאים את התערובת לרתיחה תוך כדי ערבוב עד שהסוכר נמס. מרתיחים את הסירופ, שוטפים את גבישי הסוכר הנצמדים לדופן המחבת בעזרת מברשת טבולה במים קרים, עד שהוא רושם 248 מעלות פרנהייט על מדחום ממתקים ומסירים את המחבת מהאש. בזמן שהסירופ רותח מקציפים בקערה הגדולה של מערבל חשמלי את החלבונים עם קורט מלח עד שהם מחזיקים פסגות רכות, ועם מנוע פועל מוסיפים בזרם את הסירופ החם, מקציפים ומקציפים את המרנג בשעה. מהירות בינונית במשך 8 דקות, או עד שהוא מתקרר לטמפרטורת החדר.

c) מקפלים את תערובת החמוציות לתוך המרנג בעדינות אך ביסודיות. בקערה אחרת, עם מקציפים נקיים, מקציפים את השמנת עד שהיא רק מחזיקה פסגות נוקשות ומקפלים אותה לתערובת החמוציות בעדינות אך ביסודיות.

d) מזלפים את הסופלה ל-2½ qt. קערת הגשה מזכוכית עמידה במקפיא, מחליקה את החלק העליון, ומקפיאה את הסופלה, מכוסה בניילון, למשך הלילה.

e) מכינים את זר הסוכר המסתובב: בסיר קטן כבד מערבבים את סירופ התירס והסוכר, מביאים את התערובת לרתיחה על אש מתונה, תוך ערבוב עד להמסת הסוכר, ומרתיחים את הסירופ עד שהוא קרמל זהוב ונרשם 320 מעלות צלזיוס. על מדחום לממתקים.

f) בזמן שהסירופ רותח, משמנים קלות יריעה מרובעת בגודל 12 ס"מ של שומן ועליו מסדרים את החמוציות בצורת זר ברוחב 6 ס"מ.

g) מסירים את המחבת מהאש ונותנים לסירופ להתקרר במשך 30 שניות.

h) טובלים מזלג בסירופ ומזלפים את הסירופ על החמוציות, חוזרים על הליך זה עד שהחמוציות מכוסות ויצירת הזר.

i) תנו לזר להתקרר לחלוטין.

j) ניתן להכין את הזר שעתיים מראש - רצוי לא ביום לח - ולשמור במקום קריר ויבש.

k) קורצים את הזר בעדינות מנייר הכסף, מסדרים אותו על הסופלה ומקשטים אותו בענפי הנענע.

56. סופלה משמש קפוא

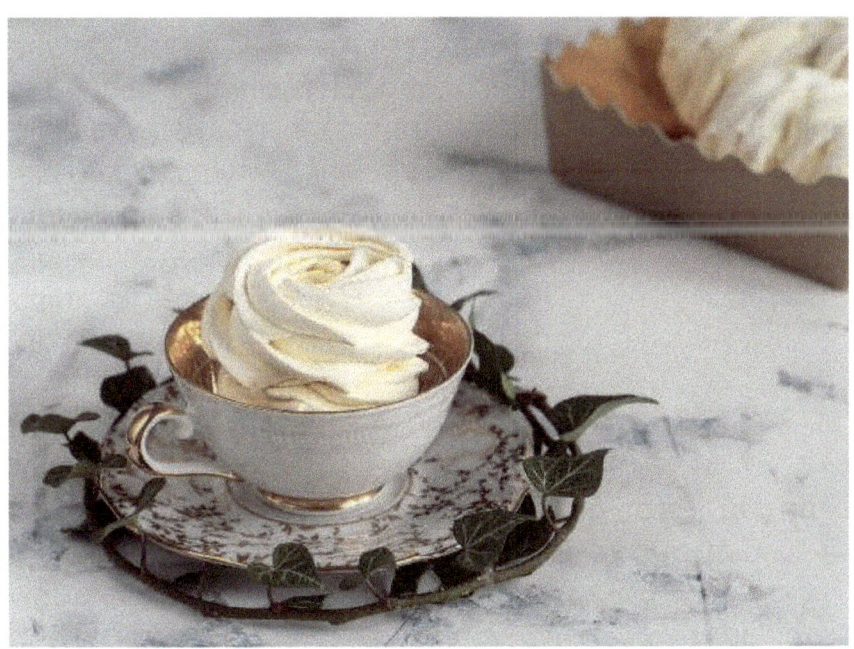

מכינה: 5 מנות

רכיבים:

- מיץ וקליפה מגוררת דק של 1 תפוז
- שתי מעטפות של ¼ אונקיות של ג'לטין ללא טעם
- 3 ביצים בינוניות, מופרדות, בתוספת 2 חלבונים נוספים
- ½ כוס סוכר דק במיוחד
- 1 כפית תמצית וניל טהורה
- 1 כוס שמנת להקצפה
- 4 כפות ליקר אמרטו
- 1 כוס מחית משמש
- ¾ כוס דומדמניות שחורות
- 2 עד 3 כפות סוכר דק במיוחד

הוראות:

a) הכן 4 רמקינים על ידי עטיפה של רצועת נייר שעווה מסביב לחלק החיצוני של כל אחד, עד לגובה של כ-2 אינץ' מעל החישוקים; מאובטח עם סרט.

b) משמנים קלות את הנייר ואת החלק הפנימי של הכלים.

c) מחממים את מיץ התפוזים בסיר קטן, מפזרים על הג'לטין ומניחים להתמוסס. מגניב.

d) שמים בקערה גדולה את גרידת התפוז, החלמונים, הסוכר והוניל.

e) להקציף עד ממש סמיך, חיוור וקרמי. מצננים מעט.

f) בקערה נפרדת מקציפים את החלבונים לקצף נוקשה וכמעט יוצרים פסגות. בקערה שלישית מקציפים את השמנת עד שהיא נוקשה ומחזיקה בצורתה.

g) מערבבים את תערובת הג'לטין, יחד עם האמרטו, לתוך החלמונים הטרופים.

h) לאחר מכן מקפלים פנימה את הקצפת, מחית המשמשים, ולבסוף את החלבונים.

i) לאחר תערובת קלה אך יסודית, הכפי לתוך הרמקינס, החלק את החלק העליון והקפיא למשך 2 עד 3 שעות.

j) להכנת הרוטב, מחממים את כל הדומדמניות השחורות פרט למעטות בסיר עם הסוכר; לבשל במשך 4 עד 5 דקות.

k) יוצקים דרך מסננת כדי להסיר את כל הזרעים, אם תרצו, ואז הוסיפו למחבת את כל הדומדמניות השחורות. לְהַפְרִישׁ.

l) להגשה מוציאים את הרמקינס מהמקפיא 10 דקות לפני האכילה, מקלפים את הנייר ועושים חור במרכז החלק העליון.

m) מחממים את הרוטב ברגע האחרון ויוצקים מעט לאמצע. את השאר מגישים בנפרד.

57. גראנד מרנייה & סופלה קר בתום

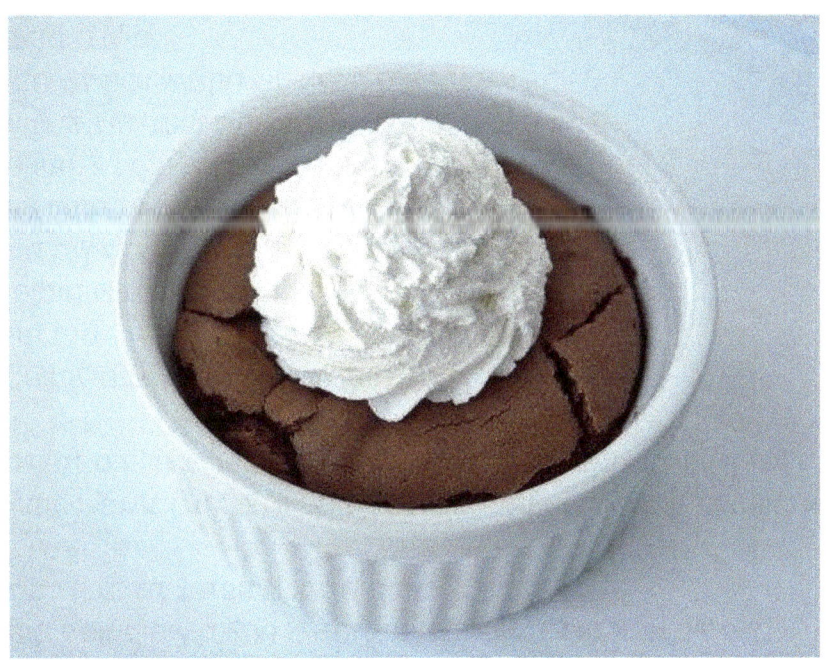

עושה: 8

רכיבים:

- 4 תפוזים גדולים
- מעטפה של רבע אונקיה של ג'לטין ללא טעם
- 6 ביצים גדולות, מופרדות
- 1 כוס ועוד 2 כפות סוכר דק
- 4 עד 6 כפות גראנד מרנייה
- 2 כפות מיץ לימון
- 1 ¾ כוסות שמנת להקצפה, מוקצפת
- 2 כפות מים
- מעט גבעולים של דומדמניות אדומות

הוראות:

a) הכן צלחת סופלה ברוחב 7 אינץ' עמוק על ידי עטיפתה בצווארון של נייר שעווה כפול שמגיע בערך 2 אינץ' מעל השפה. אבטח את נייר השעווה עם סרט.

b) מגררים דק גרידת 2 תפוזים ומניחים בצד.

c) סוחטים מספיק מיץ מ-2 או 3 מהתפוזים כדי ליצור כוס אחת של מיץ.

d) מחממים את מיץ התפוזים ואז מערבבים פנימה את הג'לטין.

e) מניחים אותו בצד להמסה או שמים אותו בקערה קטנה מעל מים חמים עד להמסה מלאה.

f) מקציפים את החלמונים ו-1 כוס הסוכר לקצף סמיך וקרמי.

g) טורפים פנימה את מיץ התפוזים, גרידת התפוז, הגראנד מרנייה ומיץ הלימון.

h) מניחים בצד לצינון אך לא מצננים.

i) מקציפים את החלבונים לקצף יציב.

j) מקפלים אותם בעדינות לתוך תערובת התפוזים והחלמונים המצוננים, ולאחר מכן את הקצפת, עד להטמעה טובה.

k) מזלפים לתוך צלחת הסופלה המוכנה ומקפיאים למספר שעות או ללילה.

l) פורסים דק וחוצים את התפוז הנותר ומניחים במחבת רדודה או במחבת עם 2 כפות הסוכר הנותרות ו-2 כפות מים. מבשלים בעדינות עד לריכוך, ואז מבשלים על אש גבוהה עד שפלחי התפוז מתחילים להתקרמל.

m) מצננים היטב על דף נייר שעווה.

n) להגשה, מסירים בזהירות את צווארון הנייר מסביב לסופלה ומניחים את המנה על צלחת הגשה.

o) מסדרים את פלחי התפוז המקורמלים על גבי הסופלה ומוסיפים כמה גבעולים של דומדמניות אדומות טריות.

58. סופלה מחבת ספרדית

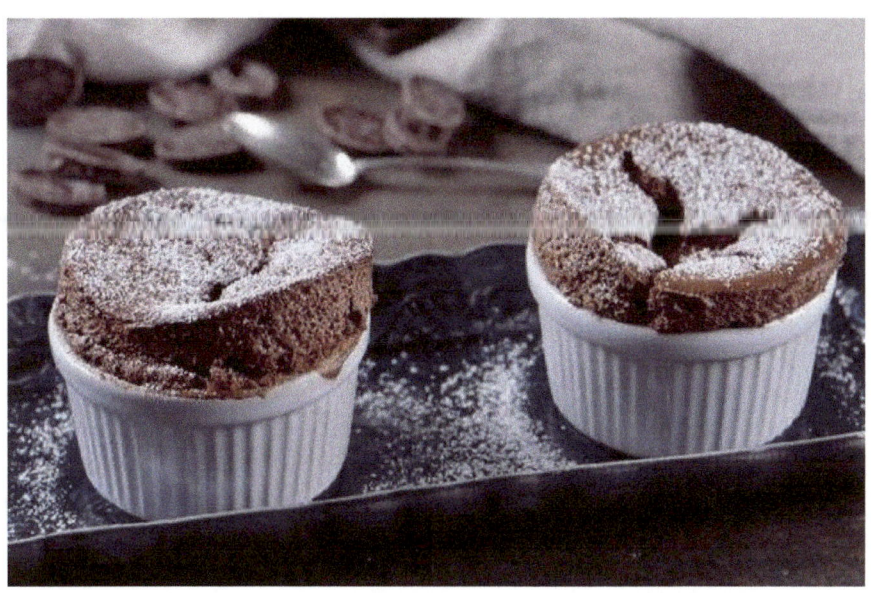

עושה: 1

מַרכִּיב
- 1 קופסה ספרדית אורז חום מהיר
- 4 ביצים
- 4 אונקיות צ'ילי ירוק קצוץ
- 1 כוס מים
- 1 כוס גבינה מגוררת

הוראות:
a) פעל לפי הוראות האריזה לבישול תכולת הקופסה.
b) כשהאורז מוכן, טורפים פנימה את שאר החומרים, למעט הגבינה.
c) מעל גבינה מגוררת ואופים בחום של 325 מעלות צלזיוס למשך 30-35 דקות.

59. סופלה ג'לי תפוזים

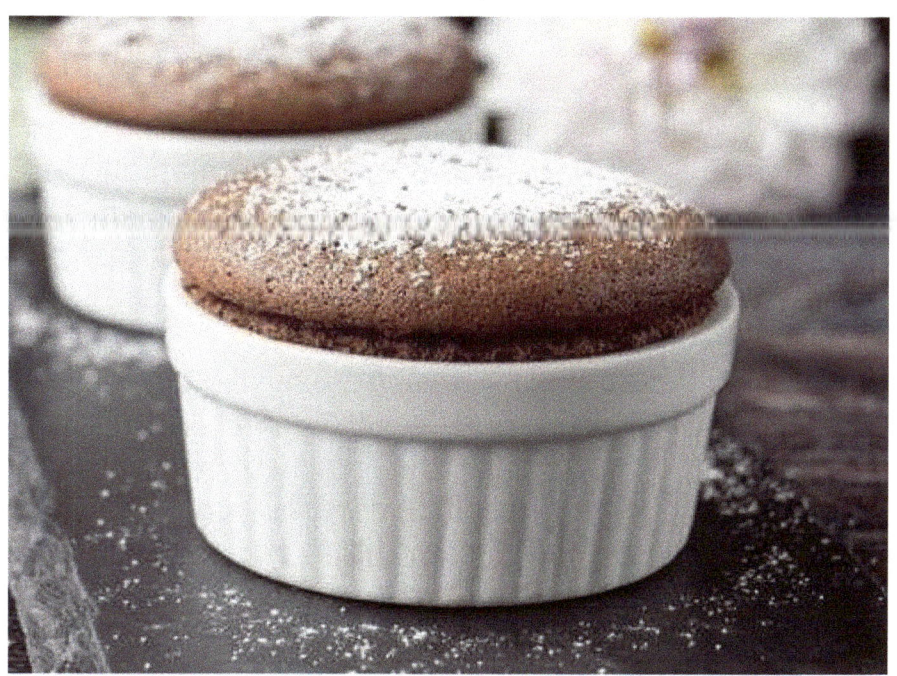

מכינה: 5 מנות

רכיבים:
- חלב סויה, 6 כוסות
- מבושל מקורר, ¾ כוס מים
- גבישי ג'לי תפוזים, חבילה אחת, 90 גרם
- מים חמים, 1 כוס
- מנדרינה, 60 גרם

הוראות:
a) מערבבים חלב סויה עם מים מקוררים שהורתחו בעבר.
b) מערבבים היטב ומצננים במקרר.
c) מערבבים גבישי ג'לי עם מים חמים.
d) מערבבים היטב עד שהגבישים מתמוססים.
e) יוצקים את התערובת לקערת זכוכית ומניחים לה להתקרר במקפיא עד שהתערובת כמעט מתייצבת.
f) מוציאים את התערובת מהמקפיא ומקציפים אותה עם חלב הסויה המוכן עד שהתערובת הופכת לקצף.
g) מחזירים את התערובת למקרר להתייצבות.

60. סופלה ויולט

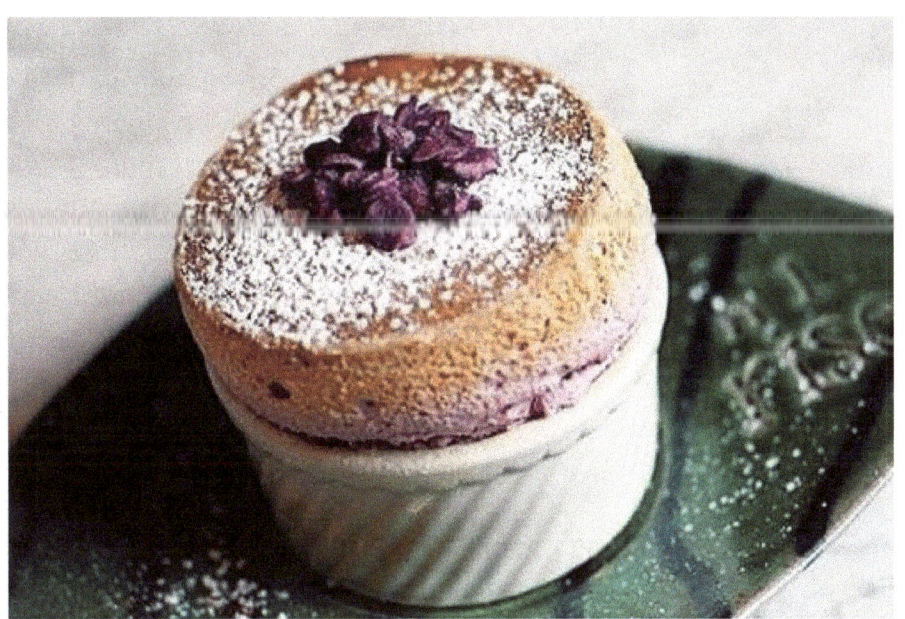

מכינה: מנה אחת

רכיבים:

- 9 אונקיות של סוכר מגורען
- 8 חלמונים
- 8 טיפות תמצית סיגלית
- 12 סיגליות מסוכרות, מרוסקות או קצוצות
- 12 חלבוני ביצה
- 1 קורט מלח
- חמאה
- סוכר
- אבקת סוכר

הוראות:

a) מקציפים סוכר וחלמונים עד לקבלת תערובת בהירה וסמיכה.
b) הוסף תמצית סיגליות וסיגליות מסוכרות.
c) מקציפים חלבונים עם מלח לקצף נוקשה. מקפלים יחד.
d) מחמאה את החלק הפנימי של כלי סופלה ומצפים אותו בכמות הסוכר שיידבק לחמאה.
e) יוצקים את תערובת הסופלה פנימה. אופים 15 דקות ב-400.
f) מפזרים מלמעלה סוכר קונדיטור ומחזירים לתנור ל-5 דקות נוספות.
g) הגש חם.

61. סופלה פיסטוק עם גלידת פיסטוק

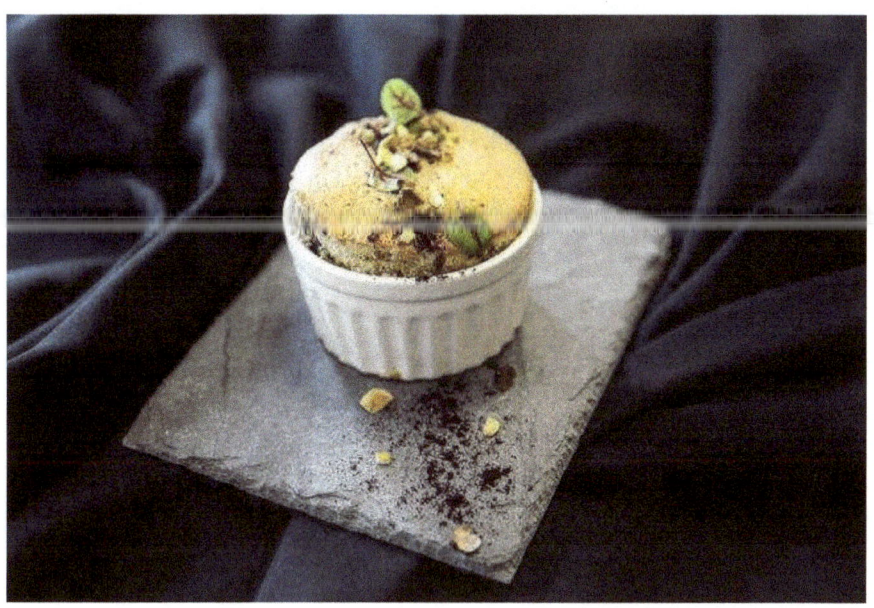

עושה: 6

רכיבים

עבור הגלידה

- 4 ביצים גדולות, מופרדות
- 100 גרם סוכר דק זהוב
- 300 מ"ל שמנת כפולה
- 2 כפות ממרח פיסטוק

עבור הסופלה

- חמאה מומסת, למנות
- 3 כפות סוכר דק בתוספת תוספת למנות
- 3 ביצים גדולות, מופרדות
- 1 כף קמח תירס
- 1 כף קמח רגיל
- 250 מ"ל חלב מלא
- 2 כפות ממרח פיסטוק

הוראות:

a) מכינים את הגלידה יום לפני. מקציפים את החלבונים לקצף נוקשה בעזרת מקצפים חשמליים, ולאחר מכן מקציפים בהדרגה את הסוכר, תוך הקצפה לאחר כל הוספה עד לקבלת מרנג חלק ומבריק.

b) בעזרת אותם מקציפים מקציפים את השמנת עם משחת הפיסטוק עד לשיאים רכים.

c) מקפלים את השמנת והחלמונים דרך המרנג, כף לתוך מיכל ומקפיאים למשך שש שעות, או ללילה.

d) כדי להכין את הסופלה, מברישים את החלק הפנימי של שישה רמקינים בחמאה מומסת, ואז מצפים אותם בסוכר דק.

e) מקציפים את החלמונים עם 2 כפות סוכר, הקמח וקורט מלח. מחממים את החלב עם ממרח הפיסטוק עד לאידוי ואז, תוך טריפה מתמדת, יוצקים את הנוזל על תערובת החלמונים.

f) נקו את מחבת החלב, ואז יוצקים את התערובת פנימה, מחזירים לאש ומבשלים 2-3 דקות עד לקבלת העקביות של רפרפת סמיכה. מסירים מהאש ומכסים את המשטח בניילון נצמד עד לצורך.

g) כשמובן לאבילה, מחממים את התנור ל-200 מעלות ומניחים תבנית אפייה על המדף העליון כדי להתחמם.

h) בעזרת מקציפות חשמליות, מקציפים את החלבונים לקצף בינוני-נוקשה, ולאחר מכן טורפים פנימה את יתרת הסוכר.

i) מערבבים כף גדולה מהחלבונים לתוך תערובת הפיסטוקים, ואז מקפלים בזהירות את השאר.

j) מחלקים בין הרמקינים, ולאחר מכן הפעילו סכין סכו"ם סביב הקצה העליון של כל אחד מהרמקינים.

k) מעבירים לתבנית החמה ומבשלים 8-12 דקות עד לתפיחה טובה.

l) מגישים מיד עם גלידת פיסטוק.

62. סופלה שוקולד לבן צרפתי

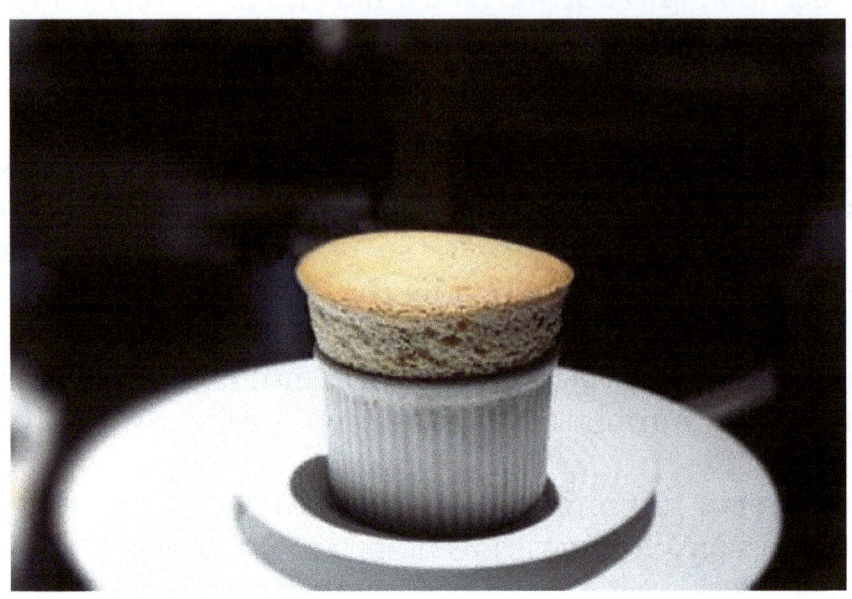

מכינה: 6 מנות

רכיבים

- 9 כפות סוכר מגורען, מחולקים
- 5 כפות קמח לכל מטרה
- ¼ כפית מלח
- 5 אונקיות שוקולד לבן, קצוץ דק
- 3 חלמונים גדולים, טמפרטורת החדר
- 6 חלבונים גדולים, טמפרטורת החדר
- ¼ כפית קרם טרטר
- 1 כפית תמצית וניל טהורה
- 1 טפיחה חמאה לא מלוחה
- סוכר קונדיטורים, לניקוי אבק
- פטל טרי, לקישוט

הוראות:

a) מחממים תנור ל-375 F.

b) מחמאה צלחת סופלה גדולה ומפזרים עליה ¼ כוס סוכר מגורען; הניחו את המנה המוכנה בצד.

c) מערבבים יחד את המלח, הקמח לכל מטרה ו-¼ כוס הנותרת בתוספת 1 כף סוכר; מניחים את התערובת בצד.

d) ממיסים את חתיכות השוקולד הלבן בקערה חסינת חום או בסיר כפול על מים רותחים בקושי, תוך ערבוב מתמיד של השוקולד כדי למנוע שריפה.

e) לאחר שהשוקולד נמס, מסירים את הקערה מהאש ומערבבים פנימה את החלמונים עד שהתערובת מתאחדת היטב.

f) בקערה נפרדת מקציפים את החלבונים עם קרם הטרטר במהירות בינונית-גבוהה עד שהם מקבלים פסגות מבריקות רכות.

g) המשיכו להקציף את החלבונים במהירות גבוהה, הוסיפו את הווניל, ולאחר מכן הוסיפו בהדרגה את שילוב המלח-קמח-סוכר עד שהחלבונים מחזיקים פסגות מבריקות נוקשות.

h) מערבבים בעדינות ⅓ מהחלבונים לתוך תערובת השוקולד, ולאחר מכן מקפלים בזהירות את שאר החלבונים המוקצפים.

i) תערובת השוקולד צריכה להיות בצבע אחיד ובהירה ומבעבעת, ללא פסי חלבון ביצה או שיש.

j) שפפו את תערובת הסופלה לתוך הכלי המוכן ואפשרו לה לנוח, מכוסה, עד 30 דקות או לאפות מיד במשך 25 עד 30 דקות עד שהסופלה תפח עם מראה חיצוני.

k) מגישים את הסופלה עם אבקת אבקת סוכר אם רוצים.

63. סופלה תפוחים עם רוטב קרמל מלוח

עושה: 6-7

רכיבים

- חמאה מומסת לשימון
- 4½ תפוחי קוקס, קלופים, מגורעים וחתוכים לרבעים
- 150 גרם סוכר מוסקובדו כהה
- ¾ כפית קינמון טחון
- 1 תרמיל וניל, חתוך לשניים לאורכו, זרעים מגורדים החוצה
- 3 ביצי חופש בינוניות, מופרדות
- 8-10 אצבעות ספוג
- 3 כפות קלבדוס
- 75 גרם סוכר דק זהוב
- אבקת סוכר לאבק

לרוטב הקרמל המלוח

- קרם יחיד 300 מ"ל
- 1 תרמיל וניל, חתוך לשניים לאורכו, זרעים מגורדים החוצה
- 190 גרם סוכר דק זהוב
- 225 גרם חמאה מלוחה, חתוכה לקוביות

הוראות:

a) מחממים את התנור ל-180°C/200°C מאוורר/גז 6. מברישים חמאה מומסת על פני כל החלק הפנימי של הרמקינים. שמים את התפוחים בתבנית אפייה, מפזרים את סוכר המוסקודו והקינמון, מוסיפים את זרעי הווניל והתרמיל, ולאחר מכן מבשלים במשך 45 דקות, תוך כדי ערבוב מדי פעם, עד שהם רכים.

b) מוציאים את תרמיל הווניל, מוציאים את התפוחים ואת כל המיצים לתוך מעבד מזון, ואז מערבבים למחית. מוסיפים את החלמונים, מערבבים ומעבירים לקערת ערבוב. מגבירים את התנור ל-200°C/220°C מאוורר/גז 7.

c) בינתיים מכינים את רוטב הקרמל המלוח. שמים בסיר את השמנת, זרעי הווניל והתרמיל ומביאים לרתיחה. מחממים מחבת גדולה על אש בינונית-גבוהה ומוסיפים את 190 גרם הסוכר הזהוב, כף בכל פעם, ומאפשרים לכל תוספת להימס לפני הוספת הבאה. מבעבעים עד שנוצר קרמל ענברי עמוק.

d) מוציאים את תרמיל הווניל מהקרם, ואז יוצקים אותו על הקרמל תוך טריפה על אש בינונית עד להטמעה.

e) טורפים פנימה את החמאה, חתיכה אחר חתיכה, ליצירת רוטב מבריק. לשמור על חום.
f) שוברים את אצבעות הספוג לחתיכות של 1-2 ס"מ ומכניסים אותן לבסיסי הרמקינים.
g) מטפטפים קלבדוס. הכניסו נייר אפייה לתנור לחימום.
h) שמים את החלבונים בקערת ערבוב נקייה. להקציף לקצף נוקשה עם מיקסר חשמלי, ולאחר מכן להוסיף את 75 גרם הסוכר הזהוב כף בכל פעם, ולהקציף בחזרה לשיא נוקשה לאחר כל הוספה, עד שכל הסוכר נטמע.
i) מערבבים כף מהמרנג לתוך רסק התפוחים כדי להתרופף, ואז מקפלים בעדינות את הרסק לתוך המרנג בעזרת כף מתכת גדולה בתנועה של שמונה.
j) מחלקים בין הרמקינים. השתמשו בסכין פלטה כדי ליישר את החלק העליון, ואז העבירו את קצה סכין שולחן סביב כל סופלה.
k) שים את הרמקינס על תבנית האפייה החמה בתנור.
l) אופים 12-15 דקות עד לתפיחה והזהבה אך עדיין עם טלטלה קלה במרכז.
m) מפדרים באבקת סוכר ומגישים מיד עם רוטב הקרמל.

64. סופלה לימון צונן

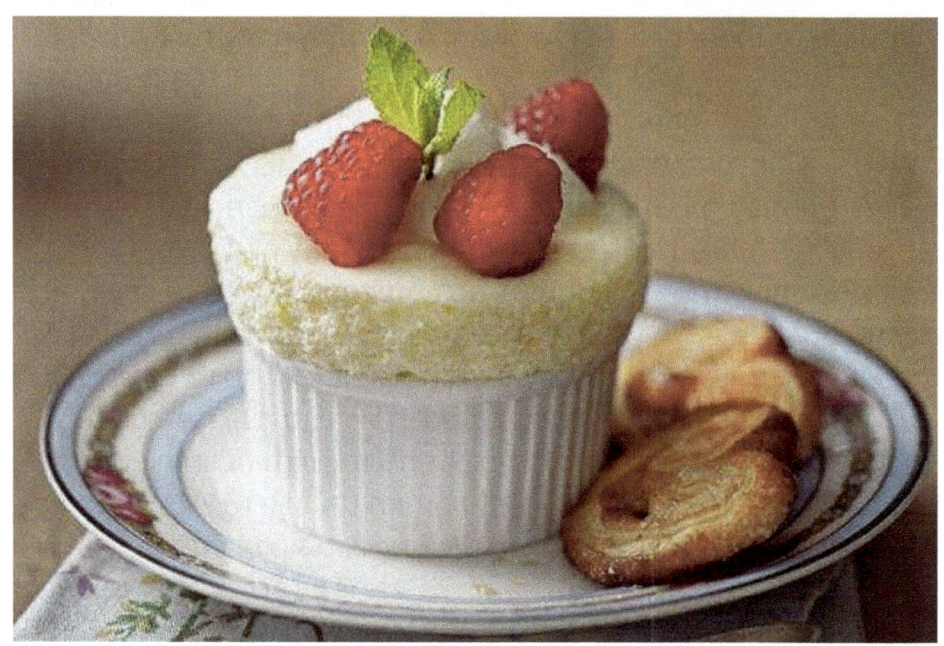

עושה: 8

רכיבים

- 4 עלי ג'לטין
- גרידה ומיץ מגוררים דק של 3 לימונים ללא שעווה
- 6 ביצים אורגניות בינוניות, מופרדות
- 300 גרם סוכר דק זהוב
- 425 מ"ל שמנת להקצפה

הוראות:

a) קח נייר אפייה באורך 24 ס"מ וקפל אותו ל-3, ולאחר מכן קשר אותו סביב תבנית סופלה בעלת צד ישר בגודל 1 ליטר, כך שהנייר משתרע 2-4 ס"מ מעל החלק העליון. לְהַפְרִישׁ.

b) משרים את עלי הג'לטין בהרבה מים קרים ומניחים בצד.

c) בינתיים, הכניסו לקערה גדולה חסינת חום את קליפת הלימון ומיץ, החלמונים והסוכר. מביאים סיר מים לרתיחה, ואז מכבים את האש.

d) מניחים את הקערה על מחבת המים החמים, מוודאים שתחתית הקערה לא נוגעת במים.

e) בעזרת מטרפה ידנית מקציפים את תערובת הלימון כ-5 דקות עד להסמכה וצבעה בהיר.

f) מחממים 2-3 כפות מים במחבת קטנה, כך שזה רק מכסה את הבסיס.

g) כשהוא חם, סוחטים את עודפי המים מהג'לטין הספוג, זורקים את העלים למחבת ומסירים מיד את המחבת מהאש. מערבבים עד להמסה, ואז טורפים לתוך תערובת הלימון הסמיכה. מוציאים את הקערה מהתבנית ומניחים בצד לצינון מלא.

h) בקערה נקייה מקציפים את החלבונים לקצף רך. בקערה נקייה נוספת מקציפים את השמנת להקצפה עד להסמכה רכה.

i) מקפלים את הקצפת לתוך תערובת הלימון עד שלא נשארים עקבות של לבן, ואז מקפלים פנימה את החלבון, שוב עד שלא נשארים עקבות של לבן.

j) יוצקים לכלי המוכן ומצננים לפחות 4 שעות או עד להתייצבות.

k) להגשה, מסירים בזהירות את החוט ואת צווארון הנייר מסביב לסופלה.

65. סופלה אגסים וגבינה כחולה צלויה

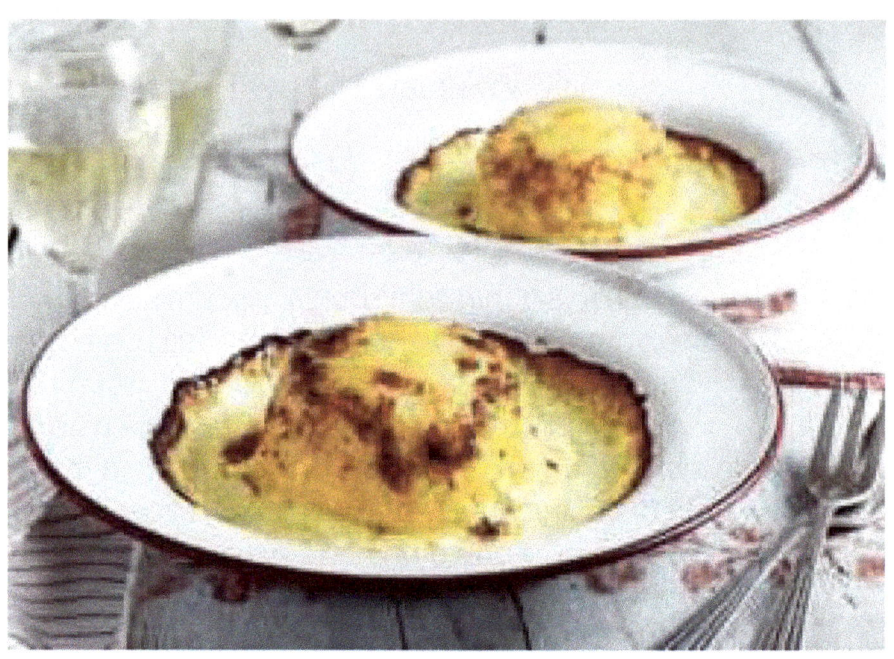

עושה: 2 - 3

רכיבים

- חופן פירורי לחם מיובשים
- 2 אגסי קינוח מוצקים, 1 קלוף, 1 נותר לא קלוף, חתוך לרבעים
- 50 גרם חמאה
- 2 כפיות סוכר חום רך
- 4 ענפי טימין טריים, בתוספת 2 תוספת
- מלח מעושן
- 1½ כפות קמח רגיל
- 125 מ"ל חלב מלא, מחומם
- 2 ביצי חופש גדולות, מופרדות
- 75 גרם גבינה כחולה שמנת, מפוררת

לסלט העלים המרים

- 1 עולש, עלים מופרדים
- ½ פקעת שומר, פרוסה דק
- חופן גרגיר נחלים ועלי רוקט
- חופן אגוזי מלך, קצוצים גס

עבור ההלבשה

- 1½ כפות שמן זית כתית מעולה
- 1 כפית חרדל דיז'ון
- 2 כפיות חומץ יין לבן

הוראות:

a) מפזרים פירורי לחם לתוך תבנית האפייה המשומנת, הופכים לציפוי מבפנים. מחממים את התנור ל-200 מעלות.

b) שמים את כל פרוסות האגסים במחבת על אש גבוהה עם 25 גרם מהחמאה, הסוכר, שפריץ מים והטימין.

c) מביאים לרתיחה, ואז מנמיכים מעט את האש ומבשלים 15-20 דקות או עד שהם רכים ומקורמלים.

d) מתבלים במלח מעושן ופלפל שחור גרוס. מניחים בצד להתקרר מעט.

e) בינתיים מחממים במחבת את יתרת החמאה. כשהוא מקציף, מערבבים פנימה את הקמח ומבשלים 3-4 דקות, תוך ערבוב בעזרת מרית, עד שמריח ביסקוויטי.

f) מורידים את המחבת מהאש וטורפים פנימה את החלב החם עד לקבלת תערובת חלקה. מבשלים בעדינות במשך 3-4 דקות, תוך ערבוב עד לקבלת תערובת חלקה וסמיכה.

g) מסירים את המחבת מהאש ומערבבים פנימה את החלמונים וחצי מכמות הגבינה הכחולה. שמים מחצית מהאגסים בצלחת המוכנה.

h) בקערת מיקסר נקייה, מקציפים את החלבונים בעזרת מיקסר ידני חשמלי עד שהם מקבלים פסגות נוקשות בינוניות.

i) מערבבים 1 כף מהחלבון לתוך תערובת החלמונים כדי לשחרר אותה, ולאחר מכן מקפלים בעדינות אך בזריזות פנימה את השארית בעזרת כף מתכת.

j) יוצקים לתוך הכלי ומעלים את שאר הגבינה.

k) אופים 18-20 דקות עד שהם תפוחים אך עם טלטלה קלה.

l) בינתיים, לזרוק את מרכיבי הסלט עם האגסים הנותרים.

m) מקציפים את חומרי הרוטב, מטפטפים על הסלט ומתבלים בפלפל שחור.

n) הגישו את הסופלה מיד, עם תוספת טימין, יחד עם הסלט וקצת לחם פריך אם תרצו.

66. סופלה קקאו בננה

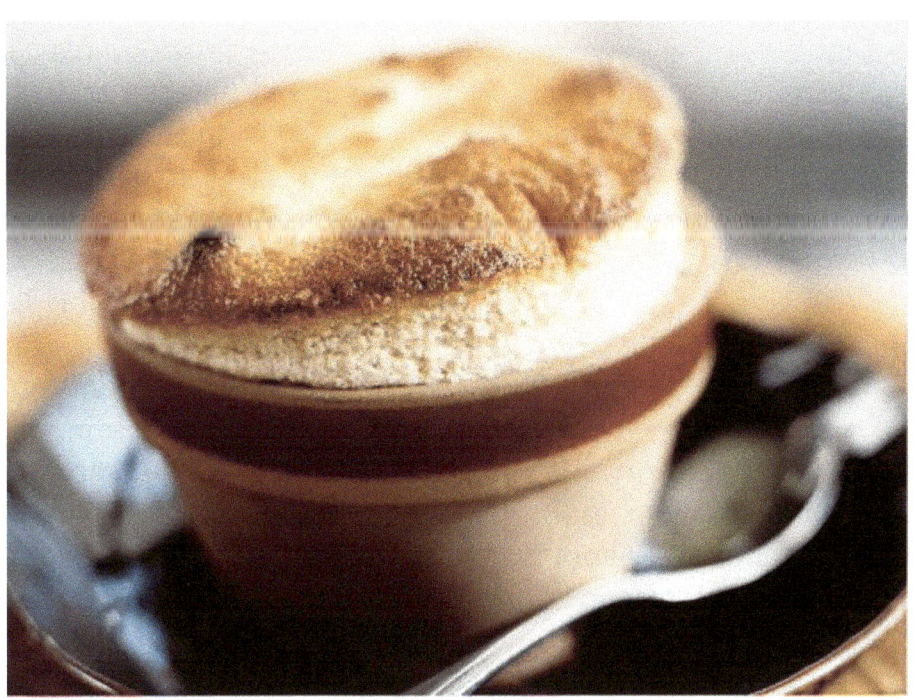

מכינה: 5 מנות

רכיבים

- 2 בננות בשלות, קצוצות
- 5 חלבוני ביצה
- 100 גרם סוכר דק, בתוספת תוספת לפיזור
- חמאה מרוככת, להבריש
- ½ כוס קקאו, מנופה, בתוספת תוספת לאבק
- רוטב שוקולד, להגשה

הוראות:

a) מחממים תנור ל-220 מעלות צלזיוס.

b) מניחים את הבננות בבלנדר וטורפים עד לקבלת מחית. לְהַפְרִישׁ.

c) מניחים חלבונים בקערה של מערבל סטנד המצויד בחיבור המקצף ומקציפים עד לקבלת קצף רך. כשהמנוע פועל מוסיפים את הסוכר בהדרגה עד שהחלבונים סמיכים ואווריריים והסוכר נמס. מקפלים בעדינות את מחית הבננה עד לאיחוד.

67. סופלה מוקה

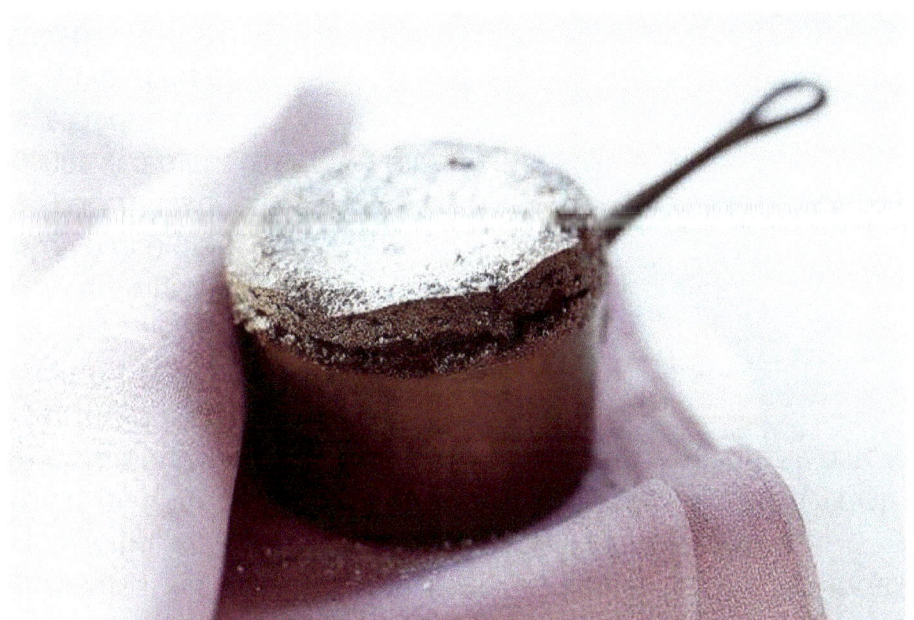

מכינה: 5 מנות

רכיבים
- ⅓ כוס אבקת קקאו
- 1 כף קפה נמס
- 100 גרם סוכר דק, בתוספת תוספת לפזר
- 6 חלבוני ביצה
- קורט קרם טרטר
- אבקת סוכר לאבק

הוראות:
a) מחממים את התנור ל-190 מעלות.

b) מניחים את הקקאו והקפה במחבת עם ⅓ כוס מים קרים ומערבבים על אש נמוכה עד להמסה. מגבירים את האש לבינונית-גבוהה ומבשלים במשך 2 דקות, ולאחר מכן מניחים בצד להתקרר למשך 5 דקות.

c) משמנים ארבעה תבשילי סופלה או סירי נחושת בגודל 1 כוס ומפזרים מבפנים עוד סוכר, מנערים את העודפים.

d) מקציפים את החלבונים במיקסר חשמלי עד שנוצרות קצף רכות.

e) מוסיפים לאט לאט את הסוכר הקצוץ וקרם הטרטר, וממשיכים להקציף עד שנוצרים פסגות נוקשות.

f) מקפלים בעדינות מעט חלבון ביצה לתוך תערובת המוקה, ולאחר מכן מוסיפים את התערובת לשאר החלבונים ומקפלים פנימה לאיחוד, תוך שמירה על כמה שיותר אוויר בתערובת.

g) ממלאים כל כלי סופלה או סיר עד למעלה.

h) מניחים על תבנית אפייה ואופים במשך 12 דקות או עד להתפחה.

i) מניחים מנות חמות על צלחות, מפדרים באבקת סוכר ומגישים מיד.

68. סופלה פטל

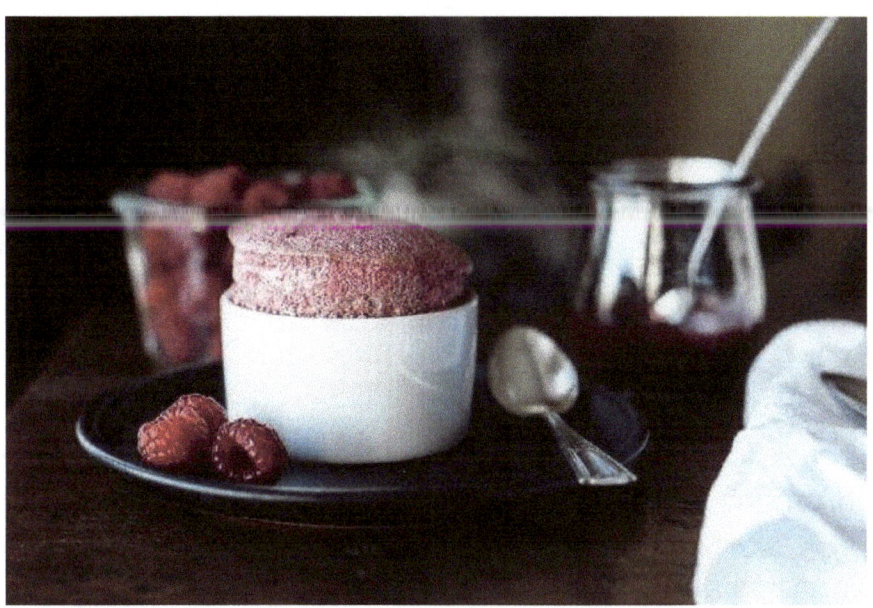

עושה: 6

רכיבים:

- 2-1 כפות חמאה לא מלוחה, מרוככת
- 50 גרם סוכר דק, בתוספת תוספת לפזר
- 6 חלבוני ביצה
- אבקת סוכר, לאבק

בסיס פירות

- 500 גרם פטל טרי
- 125 גרם סוכר דק
- 1 כף קמח תירס

הוראות:

a) להכנת בסיס הפירות, מעבדים פירות יער במעבד מזון עד לקבלת מחית חלקה.
b) מניחים פירה וסוכר בסיר על אש בינונית, תוך ערבוב להמסת הסוכר.
c) מערבבים קמח תירס עם 1 כף מים.
d) כאשר תערובת פירות היער בנקודת רתיחה, מנמיכים את האש לנמוכה וטורפים פנימה את תערובת קמח התירס.
e) מקציפים במשך דקה, ואז מסירים מהאש ומצננים עד להתקררות מלאה.
f) מברישים את הבסיסים של שש תבשילי סופלה של 250 מ"ל בחמאה הרכה, ולאחר מכן, בעזרת משיכות כלפי מעלה, מברישים את הצדדים.
g) לצנן עד להתייצבות, ואז לחזור על הפעולה.
h) מפזרים כלים עם סוכר, דופקים עודפים, ואז מצננים שוב עד הצורך.

69. סופלה שוקולד מרשמלו

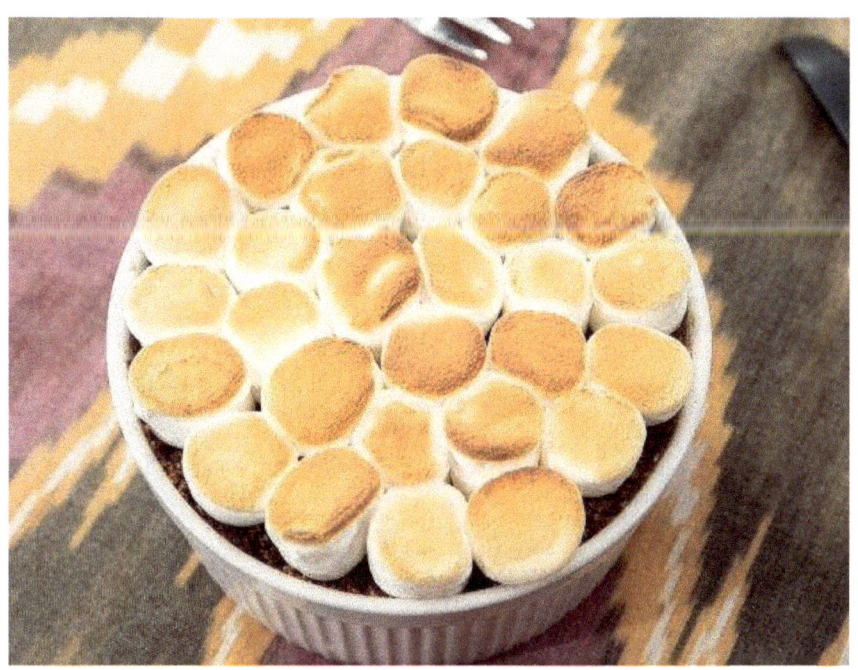

מכינה: 6 מנות

רכיבים:

- 3 כפות חמאה
- 3 כפות קמח
- ¼ כפית מלח
- 1 כוס חלב
- ¼ כוס סוכר
- 3 אונקיות שוקולד לא ממותק, מגורר
- 30 מרשמלו
- 3 חלמונים, טרופים
- 1½ כפית וניל
- 3 חלבונים, טרופים קשות
- קצפת

הוראות:

a) ממיסים חמאה בסיר. מערבבים פנימה קמח ומלח.
b) מוסיפים חלב ומבשלים על אש נמוכה, תוך כדי ערבוב מתמיד עד לקבלת תערובת סמיכה וחלקה.
c) מוסיפים סוכר, שוקולד ומרשמלו ומערבבים עד שהמרשמלו נמס.
d) מסירים מהאש ומוסיפים לאט לאט חלמונים ווניל. מערבבים היטב. מגניב.
e) כשהם מתקררים, מקפלים את החלבונים לתערובת המרשמלו השוקולדית.
f) יוצקים לתבשיל או לתבנית סופלה, מניחים בתבנית עם מים רותחים ואופים בתנור 350 מעלות למשך שעה או עד להתייצבות.
g) מגישים חם או קר עם קצפת.

70. סופלה קיווי גלידה

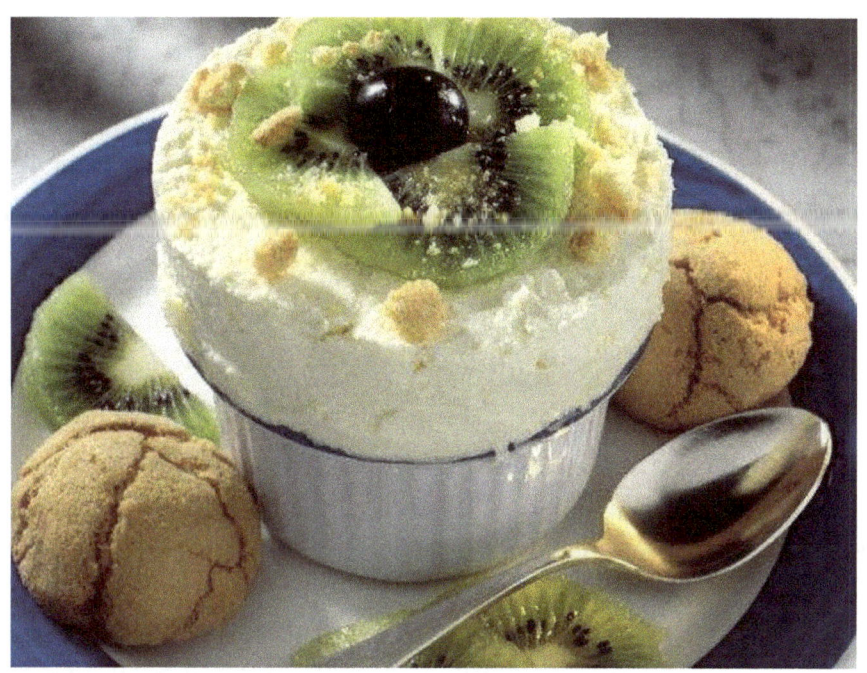

מכינה: 4 מנות

רכיבים:

- 9 קיווי
- מיץ מלימון 1
- 2 חלבוני ביצה
- 6 כפות סוכר
- 100 מיליליטר קרם קוקוס
- 200 מיליליטר של קצפת

הוראות:

a) מקלפים את הקיווי וחותכים 1 לפרוסות דקות. קוצצים גס את הקיווי שנותר.
b) טוחנים את החתיכות הקצוצות עם מיץ לימון וסוכר ומניחים בצד 4 כפות.
c) מקציפים את החלבונים ומערבבים עם מחית הקיווי וכפית לכוסות.
d) מכניסים למקפיא ומערבבים כל 15 דקות בעזרת מזלג כדי לשבור את גבישי הקרח הגדולים.
e) מערבבים את 4 כפות מחית הקיווי עם חלב קוקוס.
f) מקציפים את השמנת ומקפלים אותה לתוך התערובת.
g) כשהסורבה מתחיל לקפוא, יוצרים טבעות נייר פרגמנט מסביב לחלק העליון של הכוסות בגובה של כ-3 ס"מ.
h) ממלאים כל כוס בקרם הקוקוס על גבי הסורבה ומקפיאים לשעתיים.
i) מוציאים 15 דקות לפני ההגשה ונותנים להפשרה קצרה.
j) מקשטים בפרוסות קיווי ומגישים.

71. סופלה שוקולד עם אגסים

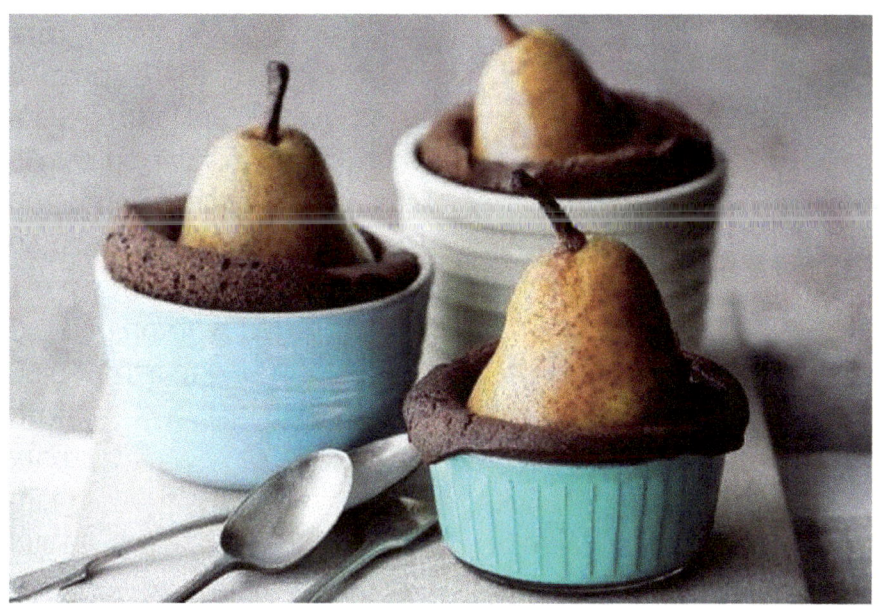

עושה: 4

רכיבים:
- 4 אגסים
- 3 ביצים מופרדות
- 65 גרם קמח לכל מטרה
- 100 גרם שוקולד מריר קצוץ
- 50 גר' סוכר
- 1 גרידת תפוז
- 3 גרם אבקת קקאו כהה
- 50 מ"ל, חלב טרי
- חמאה
- אורגני
- סוכר
- אורגני

הוראות:

a) מחממים את התנור ל-375 מעלות צלזיוס, משמנים את הרמקינס בחמאה ומפזרים את הסוכר.

b) מערבבים את החלב, הקקאו, גרידת התפוז ו-25 גרם סוכר. מניחים בסיר ומביאים לרתיחה.

c) מסירים מהאש ומוציאים את גרידת התפוז. מוסיפים את השוקולד ונותנים לו להמיס.

d) מקציפים את החלבון עם קורט מלח לקצף יציב ומערבבים בהדרגה את יתרת הסוכר.

e) מערבבים את החלמונים והקמח לתוך השוקולד המומס.

f) מקפלים פנימה את החלבונים הטרופים ומעבירים את התערובת לרמקינים המוכנים.

g) מניחים אגס בכל רמקין ומניחים את הרמקינים בתבנית גדולה ועמידה בתנור.

h) ממלאים את הכלי ב-2-3 ס"מ מים חמים ומעבירים לתנור. אופים 25-30 דקות.

i) מוציאים מהתנור ומגישים מיד.

72. סופלה גרנד מרנייה

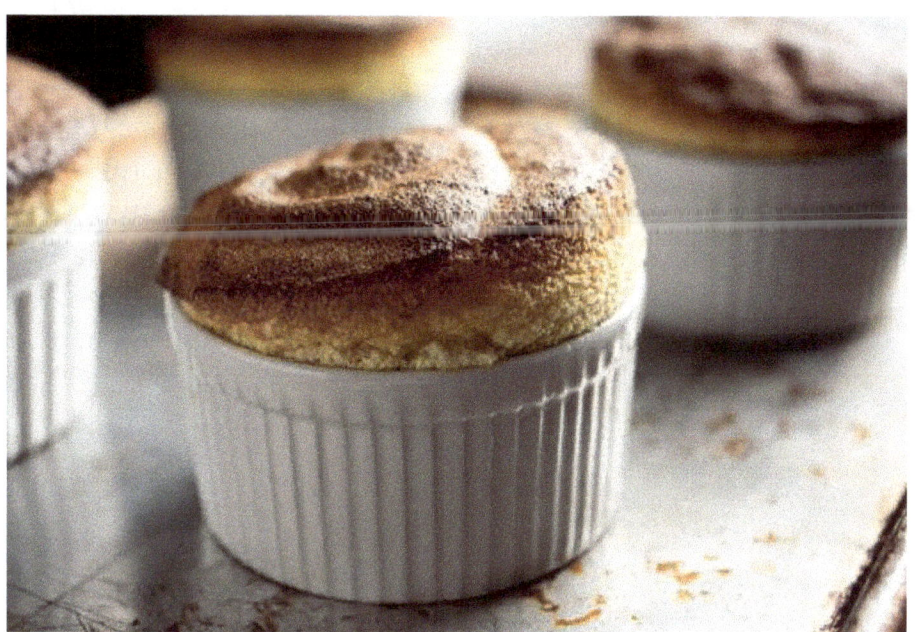

רכיבים:

- 3/1 כוס חמאה
- 4/3 כוס קמח
- 2/1 כפית מלח
- 1 2/1 כוסות חלב
- 5 ביצים, מופרדות
- 3 חלבוני ביצה
- 1 כוס סוכר
- 2 כפות מיץ לימון
- 1 כפית קליפת לימון מגוררת
- 2/1 כוס גראנד מרנייה

a) משמנים קלות תבנית סופלה של 2 ליטר ומפזרים עליה סוכר. גזרו רצועה של נייר שעווה או נייר כסף באורך של כ-30 אינץ' ורוחב של 6 אינץ' - ארוך מספיק כדי לחפוף את עצמו לפחות ב-2 אינץ' כאשר עטוף את הכלי.

b) מקפלים אותו לשניים לאורך, ואז משמנים צד אחד בחמאה ומפזרים סוכר. קשרו את הנייר כצווארון מסביב לצלחת הסופלה, צד מסוכר פנימה, כך שיתפרש לפחות 2 סנטימטרים מעל הכלי. אבטח את קצוות הצווארון בעזרת מהדקי נייר או סיכות ישרות.

c) ממיסים חמאה על אש נמוכה בסיר - אל תתנו לה להשחים. מסירים מהאש, מוסיפים קמח ומלח ומערבבים לתערובת אחידה.

d) מוסיפים את החלב, מעט בכל פעם, תוך ערבוב מתמיד. מחזירים לאש תוך כדי ערבוב מתמיד עד שמסמיך וחלק. עדיף לעשות זאת עם מטרפת תיל. מסירים מהאש. הפרידו את הביצים. מניחים את החלבונים בצד.

e) מקציפים את 5 החלמונים עד לקבלת תערובת סמיכה. מוסיפים רוטב שמנת חריף, כמות קטנה בבל פעם, תוך כדי ערבוב מתמיד עד שכל הרוטב מתווסף והתערובת היא רפרפת שמנת. מניחים בצד לצינון.

f) מחממים תנור ל-350F. מקציפים את כל שמונת החלבונים עד שנוצרים פסגות רכות כאשר מקציפים בעדינות. מוסיפים סוכר בהדרגה תוך כדי הקצפה מתמדת עד שנוצר מרנג נוקשה.

g) טורפים בהדרגה מיץ לימון, כמה טיפות בכל פעם. מערבבים את קליפת הלימון והגראנד מרנייה לתוך תערובת הביצים, תוך ערבוב טוב. מוסיפים בבת אחת לחלבונים, מקפלים היטב בעזרת תנועות קלות מהירות.

h) יוצקים לצלחת הסופלה ומניחים את הכלי במחבת המכילה סנטימטר אחד של מים חמים.

i) אופים במשך שעה אחת. מוציאים מהתנור ומסירים בזהירות את צווארון הנייר.

j) מגישים בבת אחת, מחלקים אותו עם כף גדולה.

73. סופלה סירופ מייפל

עושה: 2

רכיבים:

- 2/1 כוס אבקת סוכר 70 גרם
- 2 כפיות אבקת אפייה 10 מ"ל
- 1 כוס סירופ מייפל 250 מ"ל
- 4 חלבוני ביצה

מחממים תנור ל-375F 190C
מקציפים את החלבונים.
מוסיפים לאט לאט את הסוכר ואבקת האפייה, הופכים לאט עם מרית.
מוסיפים לאט את סירופ המייפל, הופכים בעזרת מרית.
משמנים צלחת סופלה בחמאה.
אופים ב-(190C) 375F למשך 30 דקות.
מגישים מיד.

74. סופלה כתום

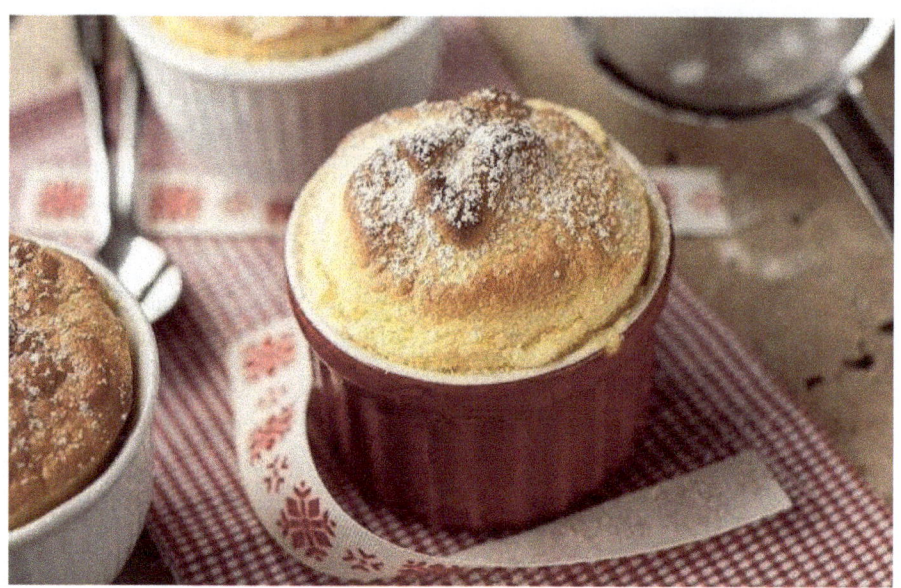

עושה 1 4/3 כוסות.

רכיבים:

- 3 כפות חמאה
- 4/1 כוס קמח לכל מטרה
- מקף מלח
- 3/2 כוס חלב
- 1 כפית קליפת תפוז מגוררת דק
- 3/1 כוס מיץ תפוזים
- 4 חלמונים
- 4 חלבוני ביצה
- 4/1 כוס סוכר
- רוטב תפוזים

a) מצמידים צווארון נייר כסף עם חמאה ומסוכר לצלחת סופלה של 2 ליטר; לְהַפְרִישׁ.

b) בסיר קטן ממיסים את 3 כפות החמאה. מערבבים פנימה קמח ומלח.

c) להוסיף חלב; מבשלים ומערבבים עד שמסמיך ומבעבע. מסירים מהאש; מערבבים פנימה קליפת תפוז ומיץ. בקערת מיקסר קטנה טורפים חלמונים כ-5 דקות או עד לקבלת צבע סמיך וצבע לימון. מערבבים בהדרגה את תערובת התפוזים לתוך חלמונים טרופים. שוטפים מקציפים היטב.

d) בקערת מיקסר גדולה מקציפים את החלבונים לקצף רך. מוסיפים בהדרגה

e) סוכר, מקציפים לפסגות נוקשות. מקפלים את תערובת התפוזים לחלבוני ביצה. הופכים לצלחת סופלה לא משומן. אופים בתנור 325F במשך 60 עד 65 דקות או עד שסכין הננעצת ליד המרכז יוצא נקי. מגישים מיד עם רוטב תפוזים. עושה 8 מנות.

f) רוטב תפוזים: בסיר בינוני מערבבים 2/1 כוס סוכר, 2 כפות עמילן תירס וקצת מלח. מערבבים פנימה 1 2/1 כוסות מיץ תפוזים. מבשלים ומערבבים עד שמסמיך ומבעבע. מבשלים עוד 2 דקות. מסירים מהאש; מערבבים פנימה 1 כף חמאה. מגישים חם.

75. סופלה תפוחים

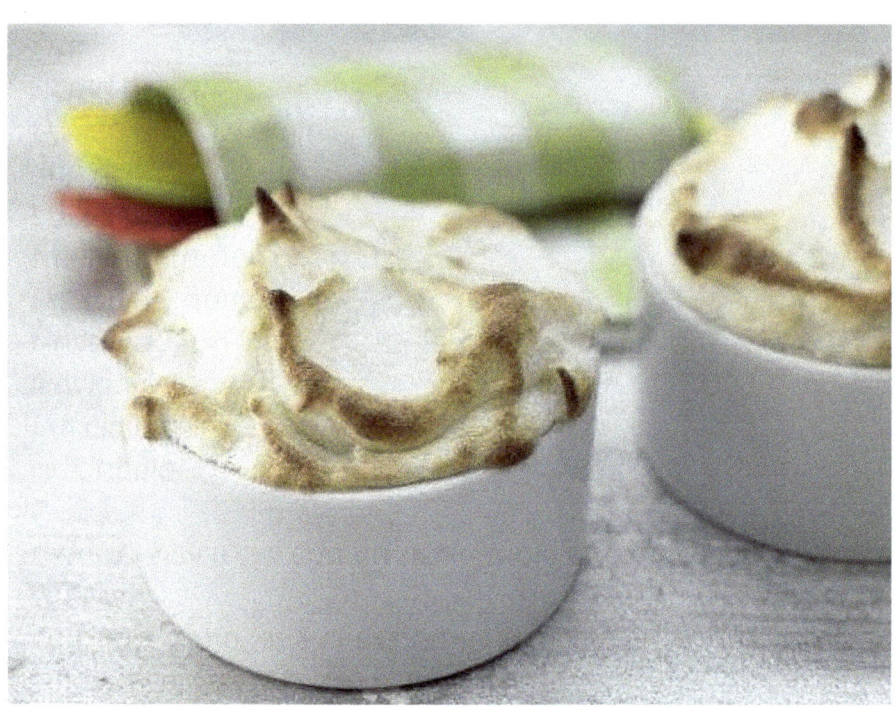

מכינה: 6 מנות

רכיבים:
2 כפות חמאה (או שוליים)
2 כפות קמח, לכל מטרה
¼ כוס חלב
1½ כוס רסק תפוחים
4 חלמונים; מוּכֶּה
⅓ כוס פירורי לחם, רכים
½ כפית מלח
⅛ כפית קינמון, טחון
⅓ כוס סוכר
1 כף מיץ לימון; סחוט טרי
4 חלבוני ביצה; מוכה בנוקשות
1 כפית עמילן תירס
1½ כף סוכר
⅔ כוס מיץ תפוחים

ממיסים חמאה. מערבבים פנימה קמח; מערבבים חלב ורסק תפוחים. מבשלים על אש נמוכה עד שמסמיך, תוך ערבוב מתמיד. מגניב. מערבבים חלמונים לתערובת רסק תפוחים. מוסיפים פירורי לחם, מלח, קינמון, סוכר ומיץ לימון. מקפלים פנימה את החלבונים. יוצקים לתוך תבשיל משומן של 1-½ ליטר ומניחים במחבת מים חמים. אופים ב-300 מעלות למשך שעה.

מכינים רוטב בזמן האפייה של הסופלה. מערבבים עמילן תירס וסוכר ומוסיפים למיץ התפוחים. מבשלים עד להסמכה תוך ערבוב מתמיד.

מגישים על סופלה חמים.

76. סופלה משמש

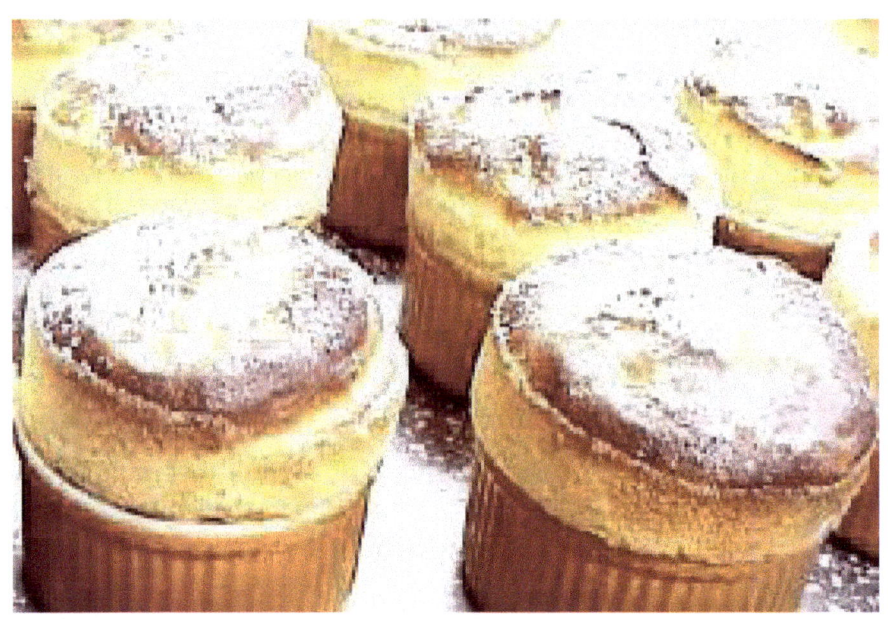

מכינה: 2 מנות

רכיבים:

¾ כוס שמנת כבדה

2½ כפית קמח

¼ כוס סוכר, בתוספת נוספת לניקוי צלחת הסופלה

8 משמשים טרייה גדולים; 4 חתוכים לקוביות, 4 פרוסות

1 כפית קירש

3 ביצים גדולות X, מופרדות בטמפרטורת החדר

קורט קרם טרטר

1 כפית חמאה

אבקת סוכר

מחממים תנור ל-F 450. מערבבים שמנת, קמח, ¼ כוס סוכר ומשמשים חתוכים לקוביות בסיר גדול. מביאים לרתיחה על אש בינונית ומבשלים תוך כדי טריפה עד לקבלת תערובת סמיכה, כ-3 דקות. מסירים מהאש, מוסיפים קירש, ואז טורפים פנימה חלמונים אחד אחד.

מקציפים חלבונים בקערת ערבוב לא מגיבה עד לקבלת קצף; להוסיף קרם טרטר; ממשיכים להכות עד שהוא נוקשה מאוד.

מושחים צלחת סופלה קטנה (קוטר 6½ אינץ', עומק 2 ½ אינץ'), מפדרים בסוכר ומורחים ¼ כוס תערובת משמש בתחתית. מוסיפים כשליש מהחלבונים לתערובת המשמשים שנותרה; מקפלים בעדינות יחד. חזור על הפעולה, מקפלים בזהירות את יתרת החלבונים בשתי קבוצות. אין לערבב יתר על המידה. כף מעל תערובת משמש בצלחת סופלה.

ודא כי מתלה התנור נמוך מספיק כדי לאפשר מקום לסופלה להתרומם 2 אינץ' מעל שפת הכלי. אופים את הסופלה עד להשחמה קלה מלמעלה, 12-15 דקות. מפדרים בנדיבות בסוכר קונדיטור ומסדרים משמשים פרוסים מעל. מגישים מיד. (סופלה). ימשיך לבשל בזמן שהוא נח; התחל לאכול מבחוץ ותתקדם לאמצע.)

77. סופלה פודינג שוקולד אפוי עם בננות

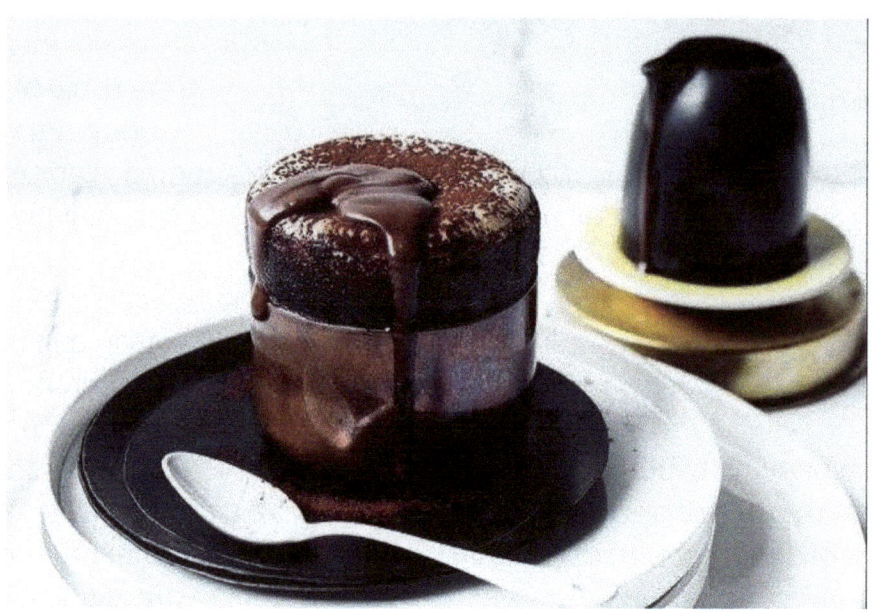

מכינה: 2 מנות

רכיבים:
3 אונקיות שוקולד מריר או שוקולד חצי מתוק, קצוץ
¼ כוס שמנת להקצפה
2 חלמונים, טמפרטורת החדר
1 כפית ליקר קפה
½ כפית קינמון
1 בננה קטנה
3 חלבוני ביצה, טמפרטורת החדר
3 כפות סוכר
אבקת סוכר
גלידת וניל, לא חובה

מחממים תנור ל-425F. חמאה רדודה 4 כוסות גרטן סגלגל. אבק בסוכר. ממיסים שוקולד עם שמנת בסיר כפול על מים רותחים בקושי; מערבבים עד לקבלת תערובת חלקה. מסירים מעל המים.

מקציפים מיד חלמונים, ואז ליקר וקינמון. (ניתן להכין 4 שעות קדימה. לחץ על פיסת ניילון על פני השטח כדי למנוע היווצרות עור. לפני שממשיכים, מערבבים מעל מים רותחים בקושי עד שהם פשוט חמימים למגע.) מסדרים פרוסות בננה במחבת מוכנה. מקציפים את החלבונים עד שנוצרים פסגות רכות. הוסף 3 כפות. סוכר ומקציפים לקצף יציב אך לא יבש. מקפלים ¼ מהחלבונים לשוקולד כדי להבהיר; מקפלים בזהירות את שאר הלבנים.

מורחים בעדינות על פרוסות בננה. אופים עד שתפוח ופשוט למגע, כ-10 דקות. מפזרים אבקת סוכר. מגישים עם גלידה.

78. סופלה שוקולד צ'יפס בננה

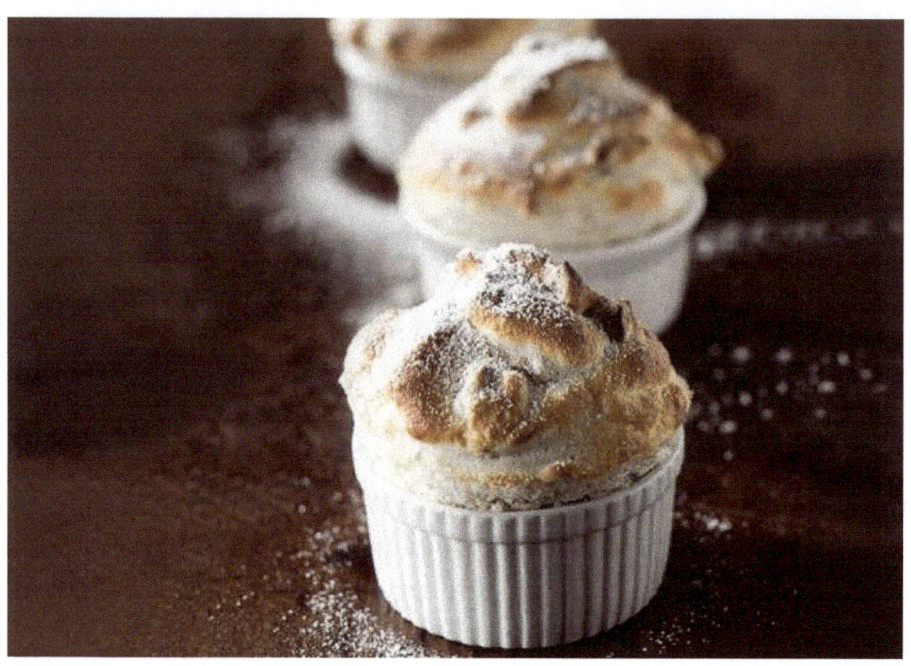

מכינה: 1 מנות

רכיבים:
3 חלבוני ביצה גדולים
⅓ כוס סוכר
2 בננות בשלות מוצקות; (בערך 6 אונקיות כל אחת)
½2 כף שוקולד צ'יפס מיניאטורי חצי מתוק

מחממים תנור ל-450 מעלות ומשחים קלות שישה ¾ כוסות רמקינים (קוטר ½3 אינץ' על גובה 1 ½ אינץ').

בקערה עם מערבל חשמלי מקציפים חלבונים עד שהם רק מכילים פסגות רכות ובהדרגה מקציפים סוכר עד שהמרנג מחזיק פסגות נוקשות.

מגררים בננות גס על מרנג ומקפלים בעדינות עם שוקולד צ'יפס למרנג.

מסדרים רמקינים על תבנית עם נייר אפייה ומחלקים ביניהם את התערובת באופן שווה, חורצים אותה למרכזים. מפעילים סכין מסביב לדפנות של רמקינס, משחררים את התערובת כדי לעזור להתפחה, ואופים סופלים באמצע התנור עד שהם תופחים ומשחימים, כ-15 דקות. מגישים סופלה מיד.

79. סופלה בננה מפוצלת בשחור ולבן

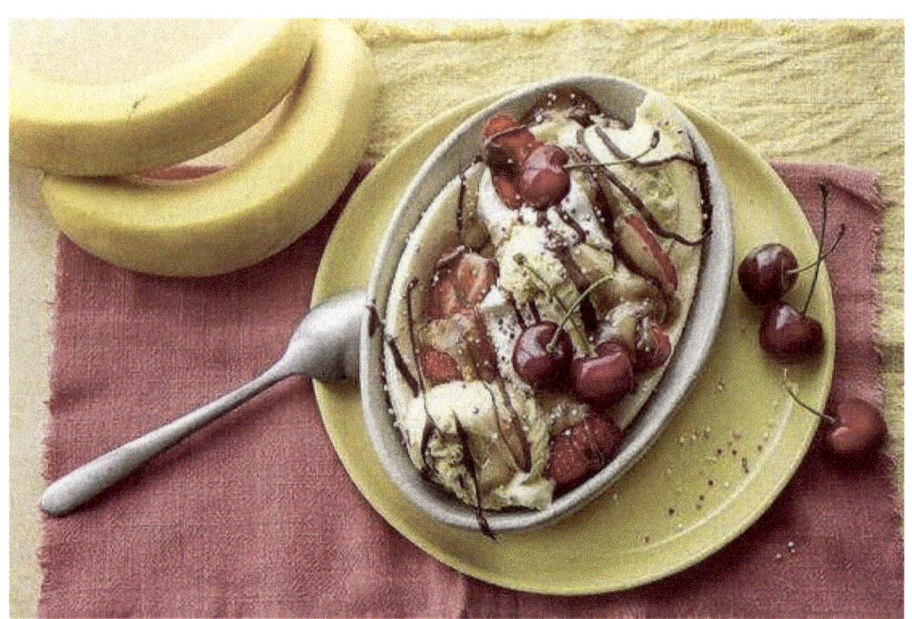

מכינה: 6 מנות

רכיבים:

2 חבילות ג'לטין, ללא טעם

4 כוסות חלב; קר, מחולק

3⅝ אונקיה תערובת פודינג, אגוז שוקולד

⅛ כפית קינמון, טחון

2 כוסות שמנת, כבדה; מחולק

3⅝ אונקיה תערובת פודינג, וניל

1 בננה גדולה, בשלה

¼ כפית אגוז מוסקט, טחון

שוקולד, מגולח

ממתק מקל מנטה, כתוש

פרוסות בננה

מרכבים מעטפת ג'לטין ב-¼ כוס חלב קר. מכינים פודינג אגוזים שוקולד לפי הוראות החבילה באמצעות 1-¾ כוסות חלב. השתמש בפודינג חם כדי להמיס ג'לטין. מערבבים פנימה קינמון ומצננים. מקציפים כוס שמנת כבדה ומקפלים לתערובת שוקולד קרירה. יוצקים לצלחת סופלה של 1 ליטר ומצננים עד להתייצבות. צלחת מקיפה עם צווארון נייר אלומיניום, מעלה את גובה הכלי 1-½ אינץ'. דבק במקום או קשר בחוט.

מרכבים את מעטפת הג'לטין שנותרה ב-¼ כוס חלב קר. מכינים פודינג וניל לפי הוראות האריזה, תוך שימוש ב-1-¾ כוסות חלב קר. השתמשו בתערובת פודינג חמה כדי להמיס ג'לטין. מועכים היטב את הבננה ומקפלים פנימה עם אגוז מוסקט. מקציפים את השמנת שנותרה ומקפלים לתערובת בננה-פודינג; להתקרר מעט. יוצקים על גבי שכבת השוקולד; לְצַנֵן. רגע לפני ההגשה, מפזרים תלתלי שוקולד או סוכריות מנטה כתוש, אם רוצים, ומסירים את צווארון נייר האלומיניום.

80. סופלה של היער השחור

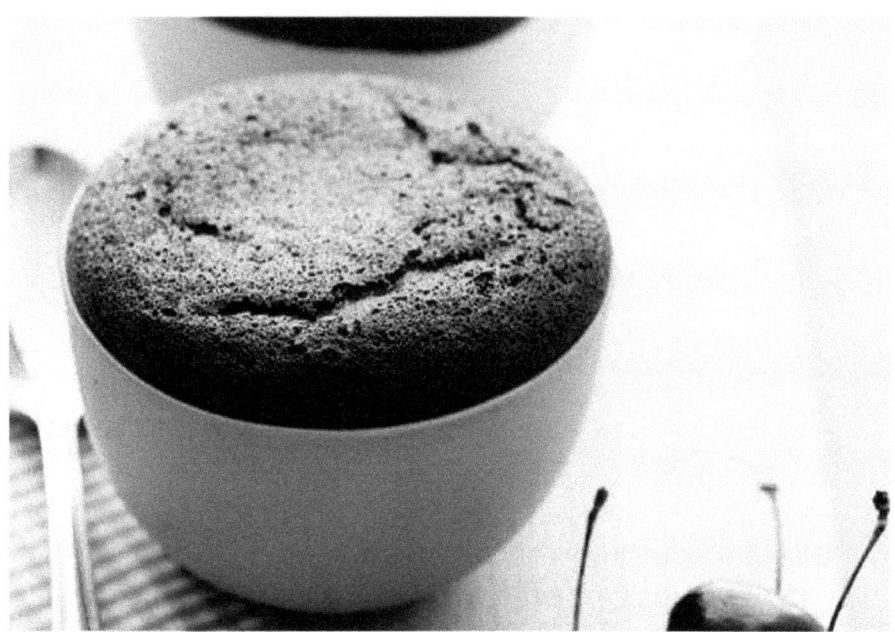

מכינה: 1 מנות

רכיבים:
- 16 אונקיות דובדבנים חמוצים מגולענים,
- סחוט (שימור נוזל)
- 5 כפות ברנדי (אופציה)
- 4 ריבועים (1oz כל אחד) אפייה
- שוקולד
- 2 מעטפות ללא טעם
- ג'לטין
- 3 ביצים, מופרדות
- 1 פחית (14 oz) ממותק מרוכז
- חלב
- 1½ כפית וניל
- 1 כוס מילנו

קוצצים דובדבנים ומשרים בברנדי (או נוזל דובדבנים). משרים ג'לטין בחצי כוס מיץ דובדבנים. מקציפים מעט חלמונים; מערבבים חלב ממותק וג'לטין. מחממים על אש נמוכה עד שהג'לטין נמס; מוסיפים שוקולד ומחממים עד להמסה והתערובת מסמיכה מעט. מערבבים פנימה דובדבנים & וניל; מצננים עד שהתערובת מתגבשת מעט כאשר היא נופלת מהכף. מקציפים מילנו וחלבוני ביצה עד שהתערובת מחזיקה בשיא נוקשה.

מקפלים פנימה תערובת ג'לטין. יוצקים לצלחת סופלה בנפח 1 ליטר עם צווארון 3 אינץ'. מצננים עד להתייצבות, מספר שעות או לילה. הסר את הצווארון; מקשטים בדובדבנים, תלתלי שוקולד או תוספת מוקצפת.

81. בלנדר סופלה

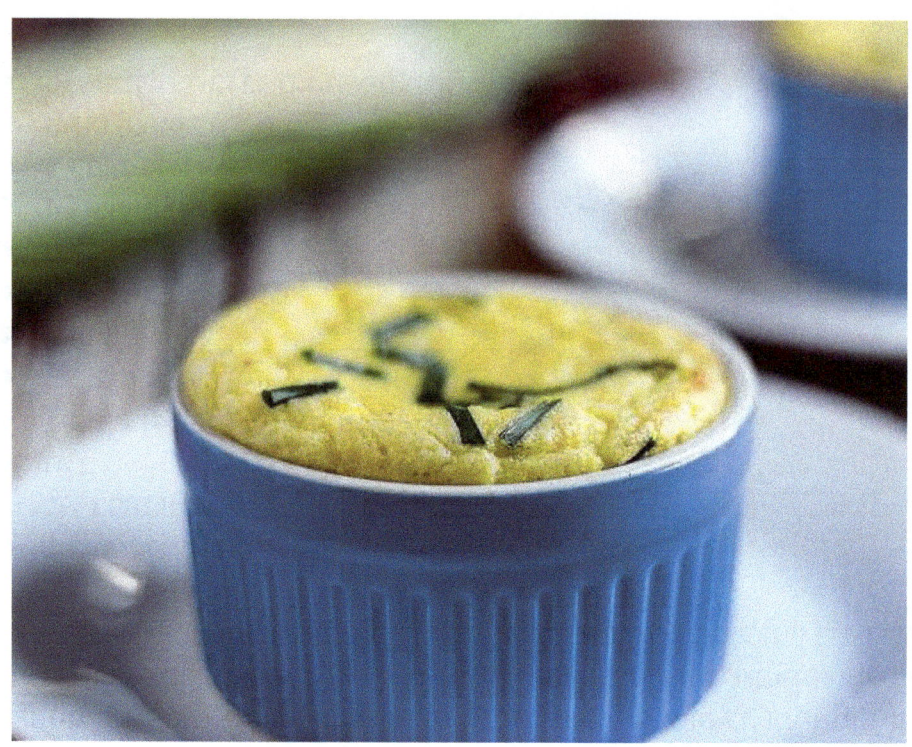

מכינה: 4 מנות

רכיבים:

8 אונקיות גבינת צ'דר חדה

1 כפית מלח

10 פרוסות לחם, בחמאה/קוביות

4 ריציח

2 כוסות חלב

1 כפית חרדל שמנת צרפתי

(יכול להחליף ½ ט חרדל יבש) חותכים גבינה לחתיכות. מערבבים את כל החומרים בבלנדר. הפעל מהירות גבוהה עד לתערובת אחידה.

אופים בתבשיל משומן, לא מכוסה, 1-½ ליטר במשך שעה אחת ב-350 מעלות.

82. סופלה בלינץ

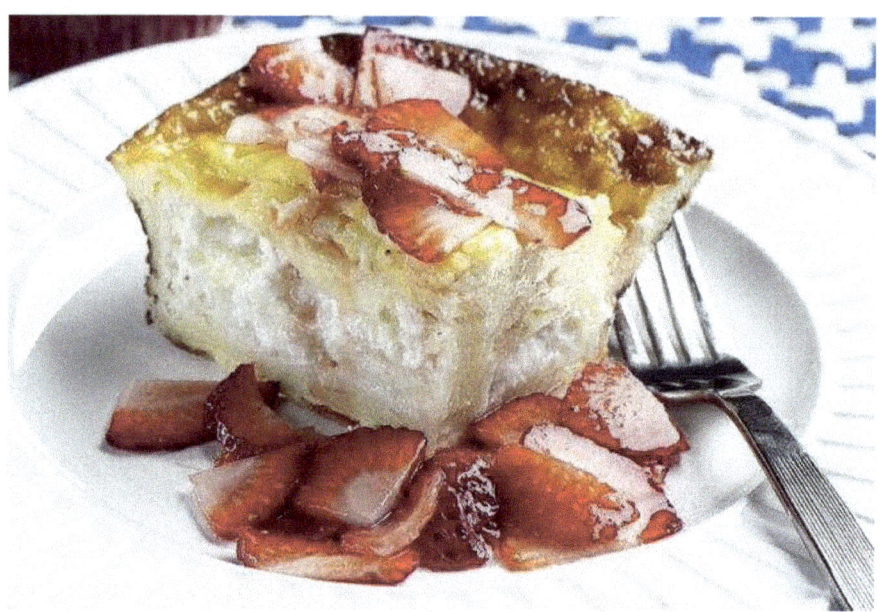

מכינה: 8 מנות

רכיבים:

- 8 אונקיות גבינת שמנת; התרכך
- 2 כוסות גבינת קוטג', גרגיר קטן
- 2 חלמון ביצה
- 1 כף סוכר
- 1 כפית תמצית וניל
- 6 ביצה
- 1½ כוס שמנת חמוצה
- ⅔ כוס סוכר
- 2 כפות עמילן תירס
- 1 קורטוב קינמון, טחון
- 1 קורטוב אגוז מוסקט, טחון
- משוער. זמן בישול: 1:15
- ½ כוס מיץ תפוזים
- ½ כוס חמאה; התרכך
- 1 כוס קמח
- ⅓ כוס סוכר
- 2 כפיות אבקת אפיה
- 1 כפית קליפת תפוז; מְגוּרָד
- 1 כוס; מים
- 1 כוס אוכמניות; טָרִי
- 2 כפות מיץ לימון

בלינצ'ס: שלבו גבינות, חלמונים, 1 ט סוכר וניל בקערה קטנה; מקציפים במהירות בינונית של מערבל חשמלי עד לקבלת מרקם חלק.

מניחים את התערובת בצד.

מערבבים 6 ביצים, שמנת חמוצה, מיץ תפוזים וחמאה במיכל של בלנדר חשמלי; מערבבים עד לקבלת מרקם חלק. הוסף קמח, ⅓ כוס סוכר, אבקת אפייה וקליפת תפוז; מערבבים עד לקבלת מרקם חלק. יוצקים מחצית מהבלילה לתבנית אפייה משומנת בגודל 13"x9"x2" כף תערובת גבינת שמנת על הבלילה, ומורחת בזהירות עם סכין. יוצקים את שאר הבלילה על תערובת גבינת השמנת. אופים בחום של 350 במשך 50 עד 60 דקות, או עד שתפוח וזהוב.מגישים מיד.

רוטב אוכמניות: מערבבים סוכר, עמילן תירס, קינמון ואגוז מוסקט בסיר כבד. מערבבים פנימה מים בהדרגה. מבשלים על אש בינונית תוך כדי ערבוב מתמיד עד שהתערובת מגיעה לרתיחה. להרתיח דקה אחת; מערבבים פנימה אוכמניות ומיץ לימון. מגישים חם.

83. סופלה גבינה כחולה

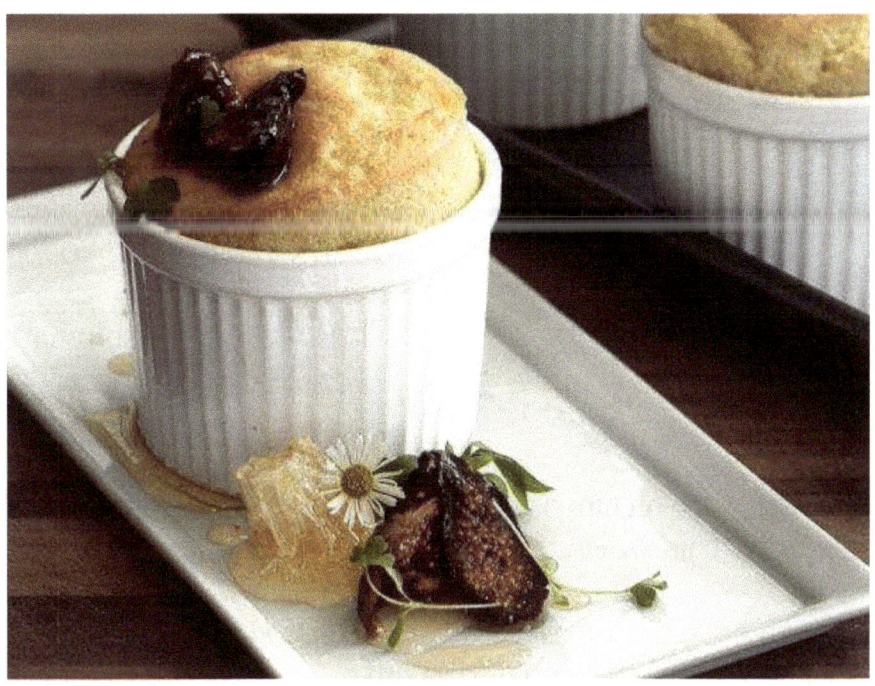

מכינה: 6 מנות

רכיבים:

- 1 מעטפה ג'לטין ללא טעם
- 2 כפות מים צוננים
- 4 כפות חמאה מתוקה
- 4 אונקיות גבינת שמנת
- 4 אונקיות גבינה כחולה - מרוככת
- 1 ביצה - מופרדים
- 1 כפית חרדל דיז'ון
- ½ כוס שמנת כבדה--קצפת
- סופלה גבינה כחולה

a) מרככים את הג'לטין במים קרירים, ולאחר מכן מערבבים בעדינות על אש נמוכה להמסה. בעזרת מעבד מזון או מערבל חשמלי טורפים יחד חמאה וגבינות, מוסיפים חלמון, חרדל וג'לטין.
b) מקציפים את החלבון לקצף יציב אך לא יבש, ומקפלים בעדינות לתערובת.
c) לאחר מכן מקפלים פנימה קצפת. הכן צלחת סופלה של 1 כוס עם נייר שעווה או נייר כסף משומן. קושרים לכלי בחוט.
d) מורחים תערובת לתוך הכלי כך שתעלה על הדפנות ועד לחלק העליון של הצווארון.
e) מצננים מספר שעות או לילה.
f) מסירים את הצווארון ומגישים עם קרקרים או ירקות חיים.

84. פאי סופלה לימון אוכמניות

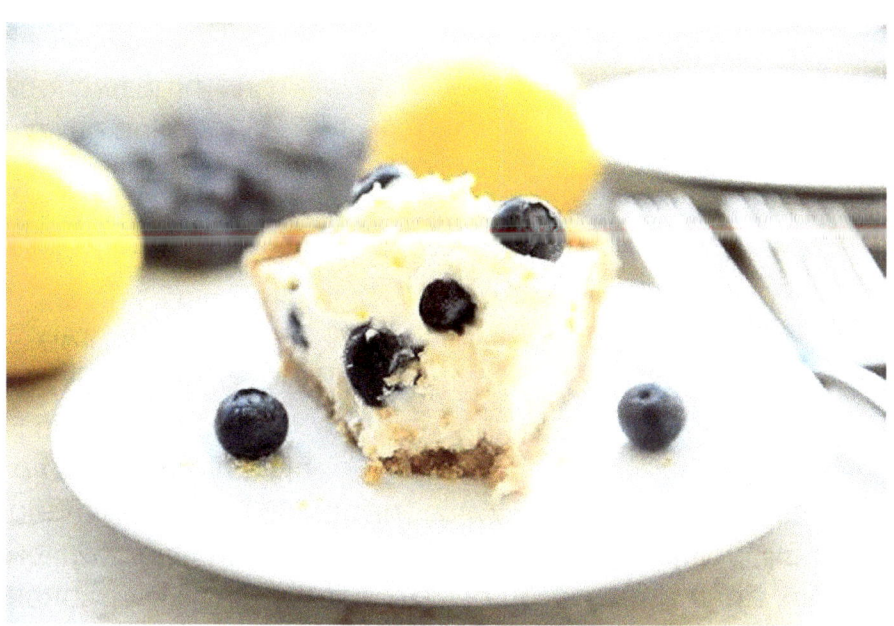

מכינה: 4 מנות

רכיבים:
3 כוסות אוכמניות, בחרו
1 כף דקה טפיוקה
6 כפות סוכר מגורען
3 ביצים גדולות, מופרדות
7 כפות סוכר סופר דק
¼ כוס פלוס 3 כפות טריות
מיץ לימון (4 לימונים)
גרידה מגוררת מ-2 לימונים
⅛ כפית מלח
1 מעטפת פאי פתית אפויה

מחממים את התנור ל-400 מעלות. בסיר לא מגיב, לזרוק את האוכמניות עם הטפיוקה והסוכר המגורען. תנו לשבת 5 עד 10 דקות, תוך ערבוב פעם או פעמיים, כדי לרכך את הטפיוקה. מבשלים על אש בינונית גבוהה, תוך ערבוב מדי פעם, עד שהתערובת מגיעה לרתיחה. מסירים מהאש. יוצקים למסננת נירוסטה שמונחת מעל קערה. שומרים את המיצים המרוקנים.

בעזרת מערבל חשמלי מקציפים את החלמונים עם 4 כפות מהסוכר הדק עד לקבלת תערובת בהירה וסמיכה, כ-2 דקות. טורפים בהדרגה את מיץ הלימון ולאחר מכן את הקליפה. מעבירים את התערובת לסיר לא מגיב ומבשלים על אש נמוכה, תוך ערבוב מתמיד עם מרית גומי, עד שהיא מסמיכה, כ-8 דקות; לא להרתיח.

מגרדים לקערה ומניחים בצד על רשת לצינון. מתח.

בעזרת מקציפות נקיות מקציפים את החלבונים עד לקבלת קצף. מוסיפים את המלח ומקציפים עד שנוצרות פסגות רכות. הוסיפו את 3 כפות הסוכר הנותרות, חצי כף בכל פעם, תוך ערבוב היטב לאחר כל הוספה. מקציפים במהירות גבוהה עד שהלבנים מבריק אך לא יבש, כ-20 שניות יותר. בעזרת מרית גומי מערבבים שליש מהחלבונים הטרופים לתוך תערובת החלמונים. מקפלים פנימה בעדינות את שאר החלבונים. מזלפים את האוכמניות לתוך מעטפת הפשטידה האפויה ומטפטפים עליהן 2½ כפות מהמיצים הסחוטים. תלים את תערובת הסופלה על פירות היער; מורחים בעדינות כדי לכסות את פירות היער, נוגעים בקרום הפאי מסביב. אופים באמצע התנור כ-15 דקות, עד שהחלק העליון משחים יפה. מעבירים את הפאי לרשת להתקרר מעט. מגישים חם או בטמפרטורת החדר.

85. סופלה בראוני עם קרם נענע

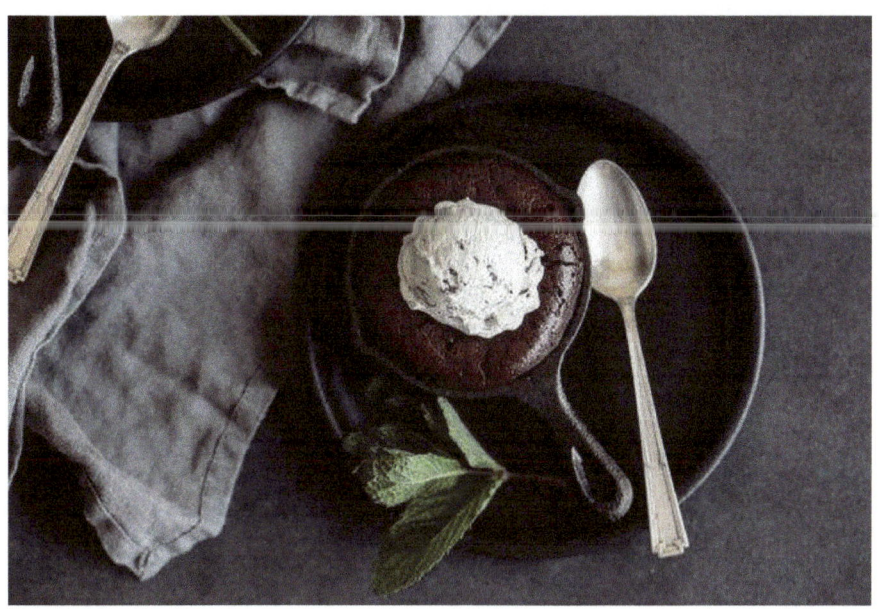

מכינה: 12 מנות

רכיבים:

- ⅔ כוס שמנת להקצפה
- 3 אונקיות שוקולד לבן; קצוץ דק
- ¼ כפית תמצית רום; או לפי הטעם
- 1 חבילה Pillsbury Rich & Moist Brownie Mix
- ½ כוס מים
- ½ כוס שמן
- ½ כפית תמצית נענע (לא חובה); או יותר לפי הטעם
- 4 ביצים; מופרד
- אבקת סוכר
- ענפי נענע; לקישוט

a) רססו תבנית קפיצית בגודל 9 או 10 אינץ' עם ספריי בישול נון-סטיק.
b) מכניסים קרם למיקרוגל בחום גבוה למשך 45-60 שניות או עד שהוא חם. מוסיפים שוקולד לבן ותמצית נענע; מערבבים עד שהשוקולד נמס.
c) מקררים לפחות שעה או עד לצינון היטב.
d) בינתיים, ב-lge. קערה, משלבים תערובת בראוניז, מים, שמן, תמצית נענע וחלמונים; לנצח 50 חבטות עם כפית. בקערה קטנה, מקציפים את החלבונים עד שנוצרים פסגות רכות. מקפלים בהדרגה לתערובת הבראוניז. יוצקים את הבלילה לתבנית מרוססת.
e) אופים ב-375 מעלות או עד שהמרכז במעט מתייצב. מצננים 30 דקות. (המרכז ישקע מעט.) מפזרים את החלק העליון של העוגה באבקת סוכר.
f) ממש לפני ההגשה, מקציפים קרם נענע צונן עד שנוצרות פסגות רכות. חותכים את העוגה לפרוסות; מעל כל טריז קרם נענע. מקשטים בקפיצי נענע.

86. סופלה חרוב מוקה

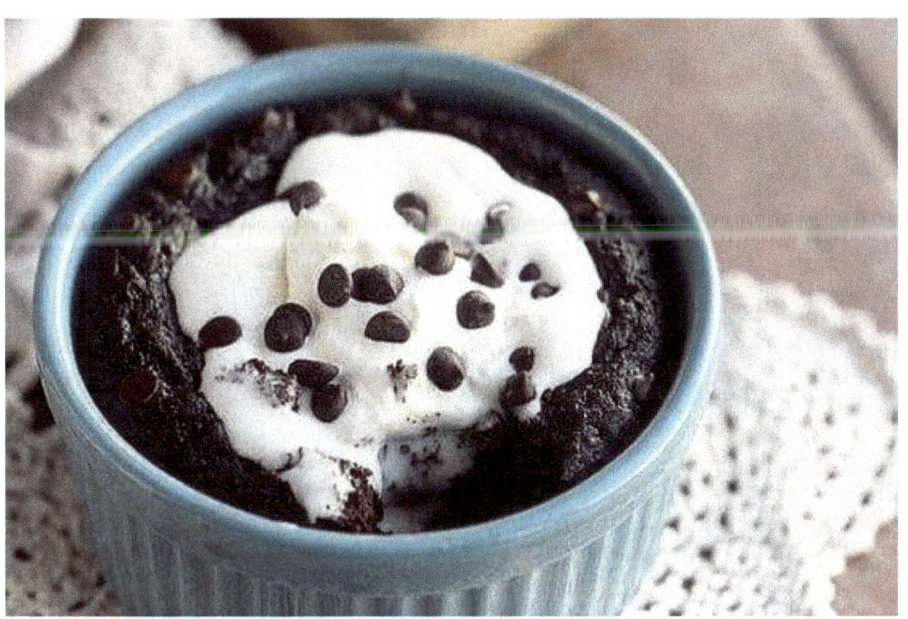

מכינה: 4 מנות

רכיבים:

- 2 כפות חמאה מרוככת
- 1 כף קמח לבן לא מולבן
- ⅓ כוס חלב
- 4 כפות דבש
- 2 כפות אבקת חרובים
- 1 כף ליקר קפה או קפה גרגירים
- 1 כפית תמצית וניל
- 1 כף אבקת Arrowroot
- 2 כפות מיץ תפוזים
- 2 חלבוני ביצה

a) מחממים תנור ל-375 מעלות F. בעזרת 1 כף מהחמאה, מחמאה קלות 4 כוסות קצפת.

b) בסיר קטן על אש בינונית, ממיסים את יתרת החמאה. מערבבים פנימה קמח ומבשלים 2 דקות תוך כדי ערבוב מתמיד. יוצקים חלב ומבשלים עד שהתערובת מסמיכה.

c) מסירים מהאש ומוסיפים דבש, אבקת חרובים, ליקר קפה ווניל. מערבבים שורש חץ עם מיץ תפוזים ומוסיפים לתערובת החרובים.

d) מקציפים חלבונים עד שנוצרים פסגות נוקשות. מקפלים לתערובת חרובים ויוצקים לכוסות רפרפת מוכנה. מניחים כוסות רפרפת בתבנית אפייה רדודה וממלאים במים חמים עד חצי גובה התבנית.

e) אופים סופלה עד שתפוח מעט וקפיצי (15 עד 20 דקות). מצננים ומגישים.

87. סופלה אגוזי תפוח קרמל

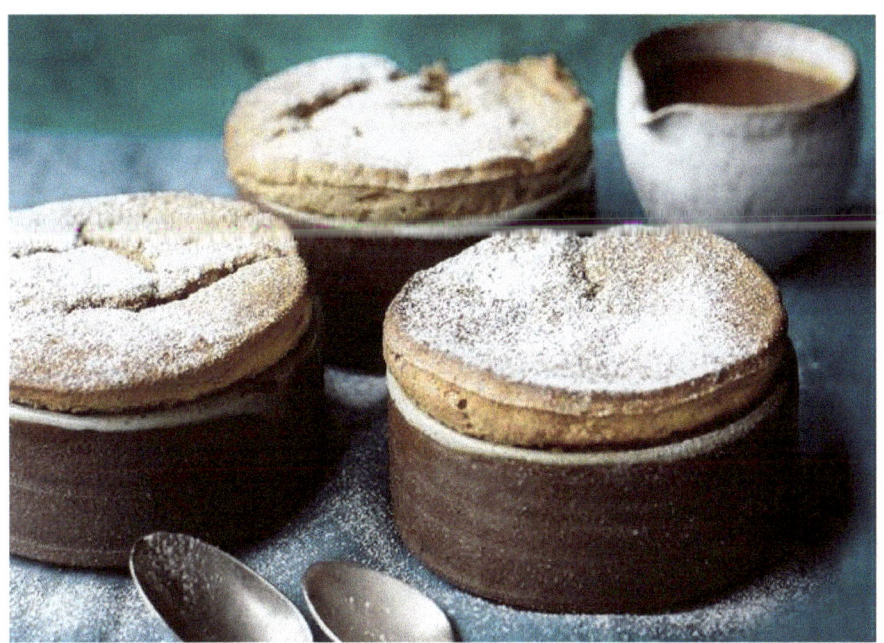

מכינה: 10 מנות

רכיבים:

2 מעטפות ג'לטין ללא טעם

10 כפות סוכר חום - מחולק

3 ביצים - מופרדות

3 כוסות חלב

2 תפוחים, קלופים, מגורעים וקצוצים

2 כפות חמאה או מרגרינה

1½ כפית תמצית וניל

1½ כוס שמנת כבדה - קצפת

½ כוס אגוזי פקאן - קצוצים

בסיר בגודל בינוני מערבבים ג'לטין עם 8 כפות סוכר; מערבבים חלמונים טרופים עם חלב. תן לעמוד 1 דקה. מניחים על אש נמוכה ומערבבים עד שהג'לטין נמס לחלוטין, כ-5 דקות. מוסיפים תפוחים, חמאה ווניל; ממשיכים לבשל, תוך ערבוב מתמיד, 5 דקות או עד שהתפוחים רכים. יוצקים לקערה גדולה ומצננים, תוך ערבוב מדי פעם, עד שהתערובת מתגבשת מעט כשהיא נופלת מהכף.

בקערה בינונית מקציפים חלבונים עד שנוצרים פסגות רכות; מוסיפים בהדרגה את 2 כפות הסוכר הנותרות ומקציפים לקצף יציב. מקפלים חלבונים, ואז קצפת ואגוזי פקאן לתערובת הג'לטין. הופכים לצלחת סופלה של 1 ק"ט עם צווארון 3 אינץ' או קערה של 2 ק"ט; לצנן עד להתייצבות. הסר צווארון; מקשטים, אם רוצים, בתפוחים נוספים ואגוזי פקאן.

88. סופלה ערמונים

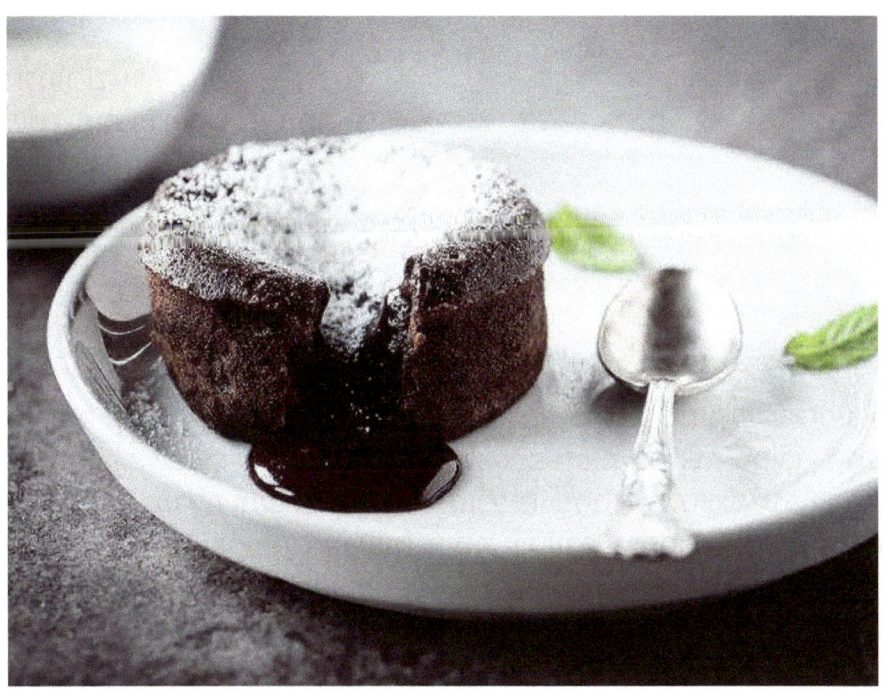

מכינה: 4 מנות

רכיבים:
4 חלמונים
1 כוס מחית ערמונים לא ממותק
⅓ כוס סוכר
3 כפות חלב
1 כף ברנדי
4 חלבוני ביצה
קצפת לא ממותקת

בקערת מיקסר קטנה מקציפים חלמונים עד לקבלת צבע סמיך וצבע לימון, כ-
5 דקות; לְהַפְרִישׁ. בקערת מיקסר קטנה מקציפים את המחית, הסוכר, החלב
והברנדי עד לקבלת תערובת חלקה. טורפים פנימה חלמונים עד לקבלת
תערובת אחידה. שוטפים מקציפים היטב. בקערת מיקסר גדולה מקציפים
חלבונים עד לקבלת קצף נוקשה.

מקפלים את החלבונים המוקצפים לתוך תערובת הערמונים. הופכים לצלחת
סופלה של 1½ ליטר לא משומנת. אופים בתנור 350F במשך 35 עד 40 דקות.
מגישים מיד. מעל קצפת לא ממותקת.

89. סופלה שוקולד מנטה

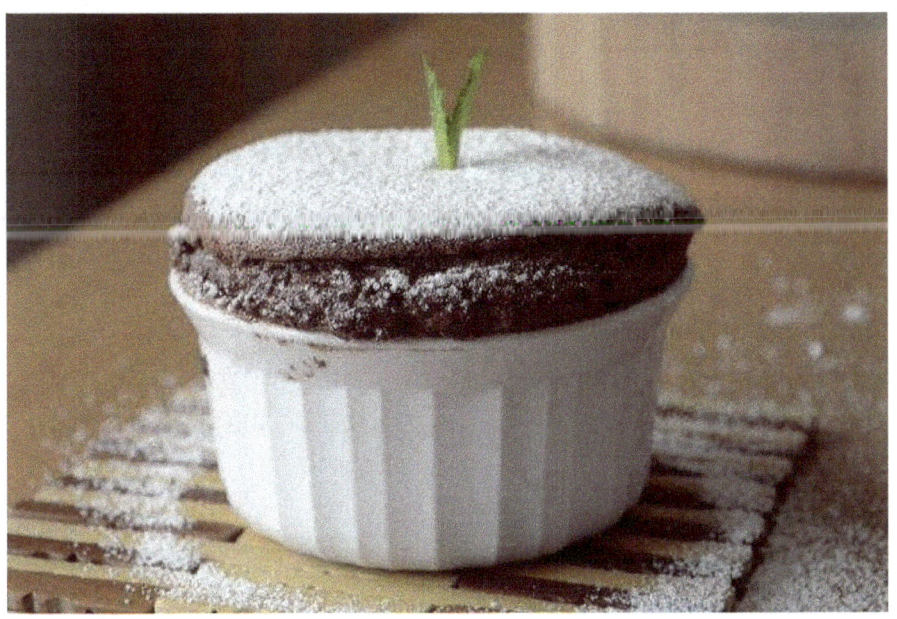

מכינה: 8 מנות

רכיבים:
- 3 כפות חמאה ללא מלח
- 5 חלמונים גדולים
- 3 כפות קמח
- 6 חלבוני ביצה גדולים
- 1 כוס חלב דל שומן 2%.
- ¼ כפית קרם אבנית
- ¼ כפית מלח
- ⅓ כוס סוכריות מנטה; כָּתוּשׁ
- סוכריות מנטה; (בערך 3 אונקיות)
- 6 אונקיות שוקולד חצי מתוק; קצוץ
- ½ כוס מים
- ⅔ כוס סוכר
- 1 כפית וניל -רוטב שוקולד-נענע---
- 1 כוס שמנת להקצפה
- 1 כוס סוכריות מנטה; כָּתוּשׁ
- ¼ כוס מים
- 6 אונקיות שוקולד חצי מתוק; קצוץ

202

a) מחממים תנור ל-400°. חמאה שמונה תבשילי סופלה של רבע כוס. מפזרים סוכר; לנער עודפים. מניחים ניירות על נייר אפייה גדול. ממיסים חמאה בסיר בינוני על אש בינונית. מוסיפים קמח. מקציפים עד שהתערובת חלקה ומבעבעת, כ-2 דקות. מגבירים את החום לבינוני-גבוהה.

b) להקציף חלב בהדרגה. מביאים לרתיחה תוך טריפה מתמדת. מרתיחים עד לקבלת מרקם סמיך וחלק, כדקה. מערבבים פנימה מלח. מסירים מהאש. מקציפים פנימה שוקולד עד להמסה. מוסיפים מים, ⅓ ג' סוכר ווניל; להקציף עד לתערובת אחידה. מצננים לטמפרטורת החדר, כ-25 דקות. טורפים פנימה חלמונים.

c) בעזרת מערבל חשמלי, מקציפים חלבונים וקרם טרטר בקערה גדולה עד שנוצרים קצוות רכים. מוסיפים בהדרגה ⅓ ג' סוכר, מקציפים לקצף יציב ומבריק. מקפלים ¼ מהחלבונים לתערובת השוקולד. מקפלים בעדינות את תערובת השוקולד לשאר הלבנים ב-3 תוספות.

d) מחלקים את התערובת בין הכלים המוכנים (המילוי יגיע כמעט עד למעלה).

e) מפזרים סוכריות כתוש על הסופלה. (ניתן להכין 3 ימים קדימה. לעטוף בנייר כסף ולהקפיא; לא להפשיר. לחשוף לפני האפייה.) לרוטב: לשלב שמנת, סוכריות ומים בסיר בינוני. מערבבים על אש בינונית עד שהסוכריות נמסות. מסירים מהאש. מוסיפים שוקולד ומערבבים עד שהוא נמס וחלק. מגישים חם או בטמפרטורת החדר.

f) מחממים תנור ל-400°. אופים עד שהסופלה תפוח וכמעט יציב למגע אך עדיין רך במרכז, כ-30 דקות ללא הקפאה, 40 דקות לקפואים. מגישים מיד עם רוטב נענע שוקולד.

90. סופלה קראנץ' שוקולד צ'יפי

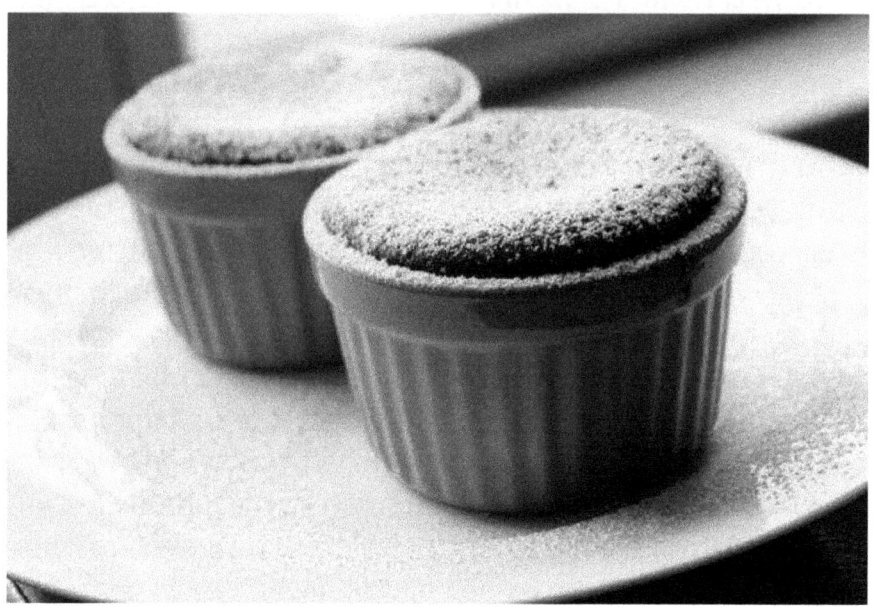

מכינה: 4 מנות

רכיבים:

- 1 כף חמאה ללא מלח
- 8 כפות סוכר מגורען
- 6 אונקיות שוקולד חצי מתוק, שבור
- לחתיכות של 2/1 אונקיה
- 2 אונקיות שוקולד לא ממותק,
- נשבר ל-2/1 אונקיה
- חתיכות
- 4 חלמונים גדולים
- ¼ כוס שמנת כבדה
- 8 חלבוני ביצה גדולים
- 3 פאדג' שוקולד מריר עמוק
- עוגיות, קצוצות לחתיכות אינץ'
- ½ כוס שוקולד צ'יפס חצי מתוק

a) מחממים את התנור ל-350 מעלות.
b) מצפים קלות את החלק הפנימי של כל כוס סופלה בחמאה.
c) מפזרים את החלק הפנימי של כל כוס עם 1½ כפיות סוכר מגורען. מניחים בצד עד הצורך. מחממים 1 אינץ' מים בחצי התחתון של דוד כפול על אש בינונית.
d) מניחים את השוקולד החצי מתוק והלא ממותק בחצי העליון של הסיר הכפול.
e) מכסים היטב את החלק העליון בניילון נצמד. מחממים במשך 6 עד 8 דקות.
f) מסירים מהאש ומערבבים עד לקבלת תערובת חלקה.
g) מעבירים את השוקולד לקערת נירוסטה גדולה. השתמשו במטרפה כדי לערבב פנימה את החלמונים והשמנת הכבדה עד לאיחוד יסודי. לְהַפְרִישׁ.
h) מניחים את החלבונים על קערת מערבל חשמלי עם שוט בלון. מקציפים על גבוה עד שנוצרים פסגות רכות, בדקה.
i) מוסיפים את יתרת הסוכר וממשיכים להקציף בחום גבוה עד שנוצרות פסגות נוקשות, כ-45 עד 50 שניות. מוציאים את הקערה מהמיקסר.
j) השתמשו במרית גומי כדי לקפל כ-¼ מהחלבונים המוקצפים לתוך תערובת השוקולד המומס, ואז לקפל פנימה את יתרת החלבונים.
k) מחלקים באופן שווה את תערובת הסופלה לכוסות הסופלה המוכנות, וממלאים אותן עד חצי אינץ' מתחת לשפת הכוס. מחלקים באופן שווה ומפזרים את חתיכות העוגיות והשוקולד צ'יפס על החלק העליון של תערובת הסופלה.
l) מניחים את הסופלה על המדף המרכזי של התנור שחומם מראש.
m) אופים עד שקיסם הננעץ במרכז יוצא נקי, כ-22 עד 26 דקות. מוציאים מהתנור ומגישים מיד.

91. סופלה פירות קרים

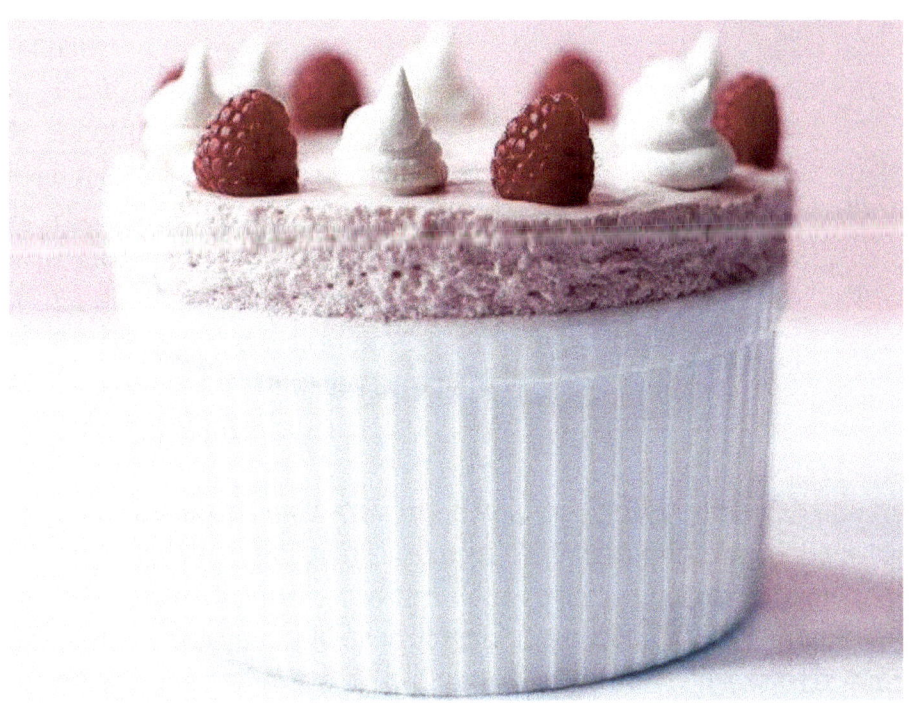

מכינה: 1 מנות

רכיבים:

- 1 מעטפה ג'לטין ללא טעם
- 2 כפות מיץ לימון
- 6 חלמונים
- ⅓ כוס דבש
- 1 כוס פירות מרוסקים
- 2 כפות ליקר גראנד מרנייה
- 6 חלבוני ביצה; מוכה נוקשה
- 1 כוס שמנת בבדה; קישוט מוקצף--
- פירות טריים וענפי נענע

a) הכן צלחת סופלה של 1 ליטר עם צווארון. מרככים ג'לטין במיץ לימון. בחלק העליון של סיר כפול, טורפים חלמונים ודבש עד לקבלת מרקם חלק וסמיך.
b) מניחים מעל מים חמים, מוסיפים ג'לטין מרוכך וממשיכים להקציף.
c) מוסיפים מחית פירות וליקר ומערבבים עד שהתערובת מסמיכה. מגניב.
d) מקפלים פנימה חלבונים, ואז קצפת. מכניסים לצלחת סופלה מוכנה ומצננים לפחות ארבע שעות. כשמוכנים להגשה, מסירים את הצווארון ומקשטים בפירות.

92. סופלה גבינת קרופוט

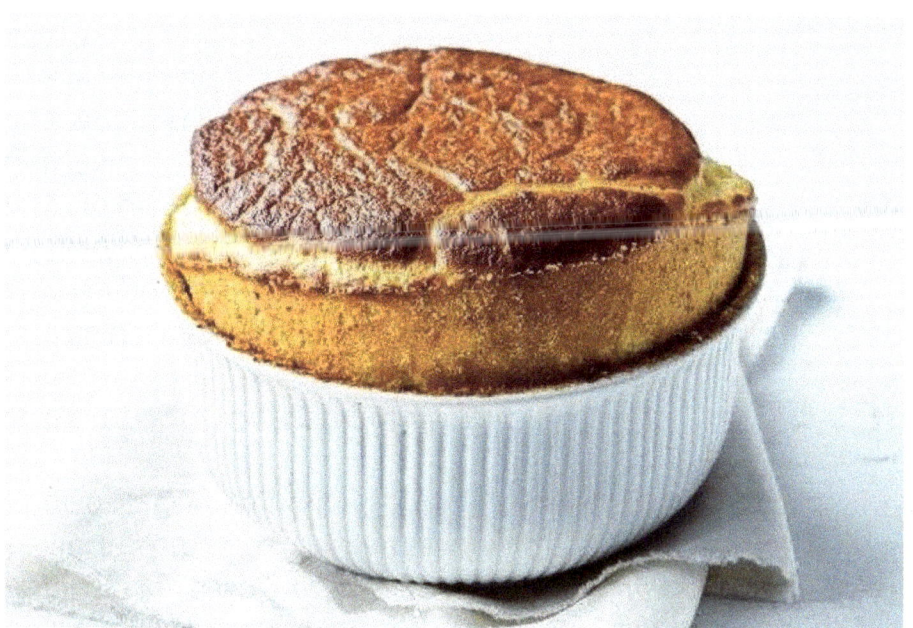

מכינה: 1 מנות

רכיבים:
- 8 פרוסות לחם
- 8 אונקיות גבינה מגורדת
- 4 ביצים
- 1 כוס חלב
- 1 כוס חלב אידוי
- ¼ כפית מלח
- 1 כף פטרוזיליה
- פפריקה
- 1 כוס בשר מבושל (לא חובה) בשר חזיר

a) משמנים קלות את הסיר.
b) שכבות לחם, גבינה ובשר (אם משתמשים).
c) טורפים יחד ביצים, חלב, חלב מאודה, מלח ופטרוזיליה.
d) יוצקים על לחם וגבינה בסיר.
e) מפזרים מלמעלה פפריקה.
f) מכסים ומבשלים על נמוך 3-4 שעות.

93. סופלה Daiquiri

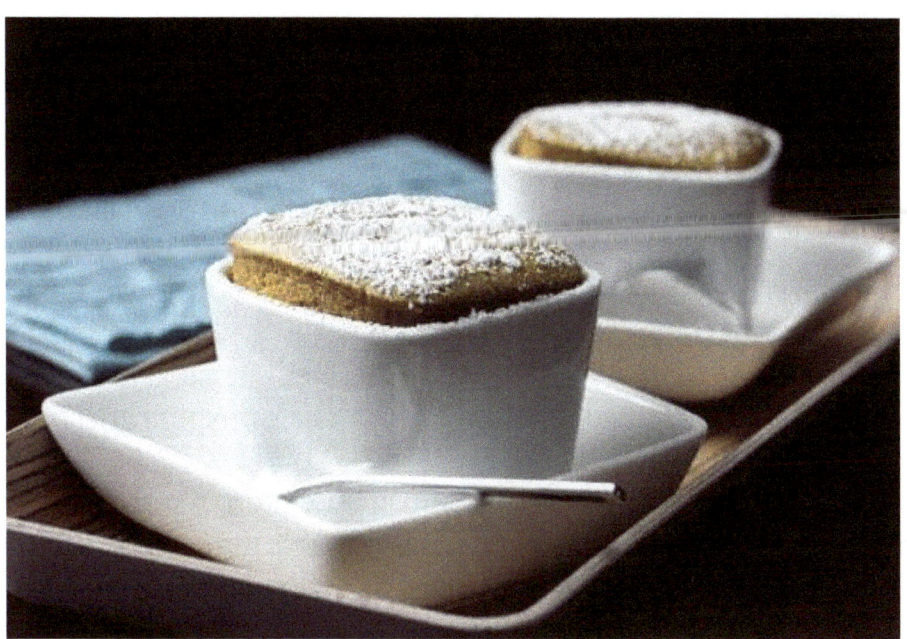

מכינה: 4 מנות

רכיבים:
½ כוס מים קרים
1 כף ג'לטין ללא טעם
4 ביצים גדולות, מופרדות
¾ כוס סוכר
1 כל קליפה של לימון וליים
2 כפות מיץ ליים
2 כפות מיץ לימון
4 כפות רום בהיר
1 כוס שמנת מוקצפת

שים מים במחבת. מפזרים ג'לטין מעל; לתת לעמוד לפחות 5 דקות. מקציפים חלמונים וסוכר יחד עד לקבלת תערובת בהירה ותפוחה. מוסיפים ליים וקליפת לימון; לערבב לתערובת. מבשלים את תערובת הג'לטין על אש נמוכה עד להמסה. מוסיפים תערובת חלמונים; מבשלים בעדינות תוך ערבוב מתמיד, 3 עד 5 דקות. אל תתנו לתערובת לרתוח, אחרת היא עלולה להתכרבל.

מסירים מהאש; מערבבים פנימה מיצי רום, לימון ולימון. מצננים עד שמתחיל לג'ל. ניתן לזרז זאת על ידי הנחת קערה על מצע קרח. מערבבים מדי פעם כדי למנוע היווצרות ג'לי. להקציף שמנת בקערה עד שנוצרות פסגות רכות. מקפלים את הקצפת והחלבונים הטרופים לתערובת הג'לטין. יוצקים לכלי מוכן. לְצַנֵן.

מקשטים בקצפת, סיגליות ופרוסות ליים.

94. סופלה דרמבויה

מכינה: 4 מנות

רכיבים:
4 ביצים גדולות; מופרד
1 אונקיה חמאה
1 גרם קמח רגיל
¼ ליטר חלב
3 אונקיות סוכר קיק
4 כפות דרמבואי
תמצית וניל

למרות שהסופלה הזה טעים בפני עצמו או עם קרם סינגל, נסו אותו עם רוטב העשוי מפטל (סקוטי) - תמצאו את השילוב מעולה.

משחים קלות צלחת סופלה (2 ליטר ל-4 מנות) ומפזרים אותה איזה סוכר.

ממיסים את החמאה, מערבבים פנימה את הקמח, מסירים מהאש ומערבבים בהדרגה את החלב. כשהרוטב חלק מחזירים אותו לאש ומביאים לרתיחה להסמכה תוך כדי ערבוב כל הזמן. מערבבים פנימה את החלמונים בזה אחר זה, ואז מקציפים פנימה את הסוכר עם תמצית הדרמבואה ותמצית הוניל.

מקציפים את החלבונים עד שהם עומדים בפסגות רכות, ולאחר מכן בעזרת כף מתכת מקפלים קלות ומקפלים אותם במהירות לתערובת הרוטב.

הופכים את הסופלה לתוך הכלי ואופים אותו באמצע התנור בחום של 375 מעלות צלזיוס למשך כ-40 דקות או עד שהוא תופח היטב ומזהיב.

מפזרים מעט אבקת סוכר מלמעלה ומגישים מיד.

95. סופלה גראנד מרנייה קפוא

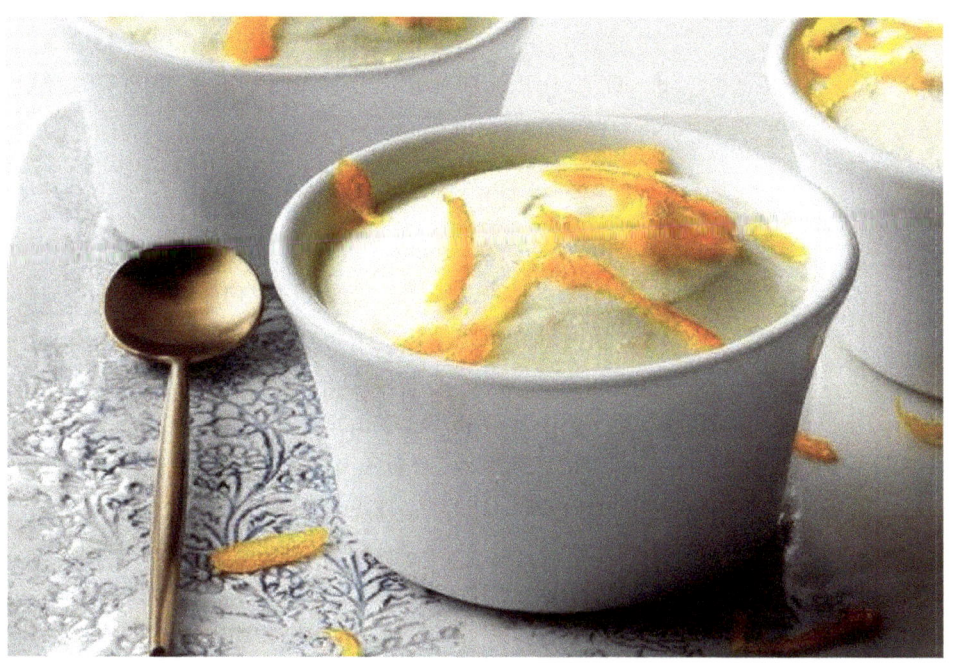

מכינה: 4 מנות
רכיבים:
5 ביצים שלמות
¼ כוס סוכר מגורען, בתוספת תוספת לניקוי כלים
חמאה רכה
1 כוס שמנת כבדה, פלוס
½ כוס שמנת כבדה
3 כפות סוכר קונדיטורים
¼ כוס גראנד מרנייה
2 כפות גרידת תפוז
½ כוס פלחי תפוזים

מערבבים את הביצים והסוכר בחלק העליון של סיר נירוסטה כפול, והקפידים לא לטרוף את הביצים, טורפים על אש עדינה עד שהתערובת מזהיבה וסמיכה מספיק כדי לצפות את גב הכף בסרטים. מסירים מהאש ומניחים את התערובת בצד להתקרר.

בזמן שתערובת הביצים מתקררת, הכינו ארבע תבשילי סופלה של ½ כוס על ידי חיתוך נייר שעווה מספיק ארוך כדי להקיף כל צלחת סופלה פעמיים, ועמדו 3 עד 4 אינץ' מעל החלק העליון שלו. עטפו את הנייר השעווה בחוזקה סביב החלק החיצוני של הכלי ואטמו את הקצוות עם סרט שקוף. חמאה את החלק הפנימי של הכלי בחמאה רכה, ולאחר מכן מפזרים סוכר מגורען, מוציאים את עודפי הסוכר על הצלחת.

בעזרת מערבל חשמלי, מערבבים 1 כוס מהשמנת הכבדה, סוכר הקונדיטורים והגראנד מרנייה, גרידת תפוז ומקציפים לשיאים יציבים. בעזרת מרית מקפלים בעדינות את הקצפת לתערובת הביצים. יוצקים את התערובת לתוך תבשילי הסופלה עם החמאה, ממלאים אותם מעל השפה ואל האזור המוקף בנייר השעווה.

מכניסים את הסופלה למקפיא, ל-4 שעות לפחות, רצוי למשך הלילה. כשמוכן להגשה, מקציפים את השמנת שנותרה עד שנוצרות פסגות רכות, מוציאים מהסופלה הקפוא מהמקפיא, ומסירים בזהירות את צווארון הנייר בשעווה. מלמעלה מעל כף קצפת וכמה פלחי תפוז.

96. סופלה של עוגת פירות

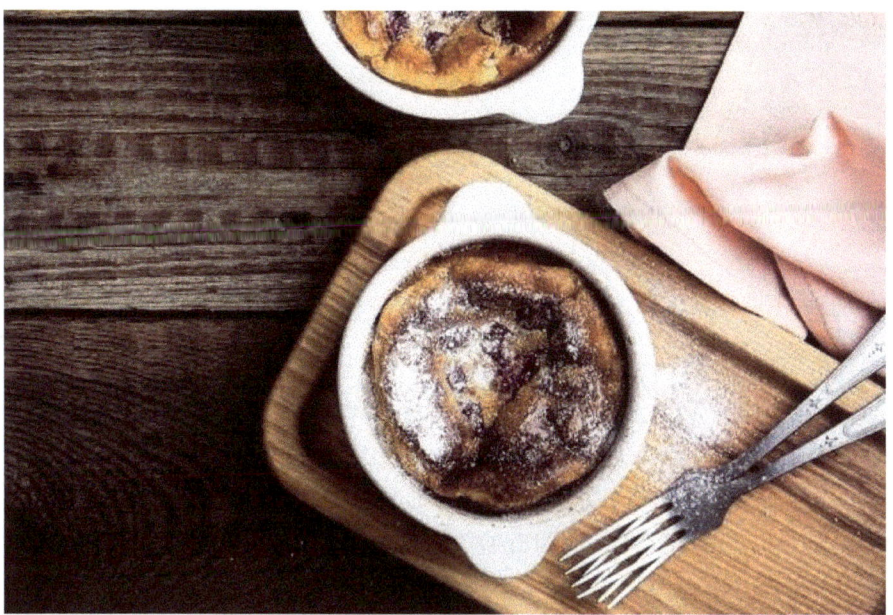

מכינה: 1 מנות

רכיבים:
3 כפות סוכר מגורען בתוספת נוספת עבור
מפזרים את הרמקינים ;
1½ כוס עוגת פירות מפוררת
¾ כוס לחם לבן מפורר
½ כוס חלב
3 ביצים גדולות; מופרד
2 כפות סוכר קונדיטורים

a) חמאה שמונה כוסות רמקינים ומפזרים עליהם את הסוכר המגורען הנוסף. בקערה קטנה מערבבים היטב את עוגת הפירות, הלחם והחלב ונותנים לתערובת לעמוד מכוסה בטמפרטורת החדר למשך 15 דקות.

b) בקערת מתכת עם מערבל חשמלי נייד מקציפים את החלמונים ואת 3 כפות הסוכר הנותרות עד שהתערובת מתאחדת היטב, מניחים את הקערה על סיר עם מים רותחים ומקציפים את התערובת עד שהיא סמיכה וחיוורת.

c) מוציאים את הקערה מהמחבת וטורפים פנימה את תערובת עוגות הפירות.

d) בקערה מקציפים את החלבונים עד לקבלת קצף, מקציפים פנימה את הסוכר של הקונדיטורים, מנופים, ומקציפים את החלבונים עד שהם רק מחזיקים פסגות נוקשות. מקפלים את המרנג לתערובת עוגות הפירות בעדינות אך ביסודיות ומחלקים את הבלילה בין הרמקינים.

e) אופים את הסופלה באמצע חום שחומם מראש ל-375F. תנור למשך 12 עד 15 דקות, או עד שהם מזהיבים וסכין הננעצת במרכזם יוצאת נקייה.

97. גלייס סופלה פטל אדום

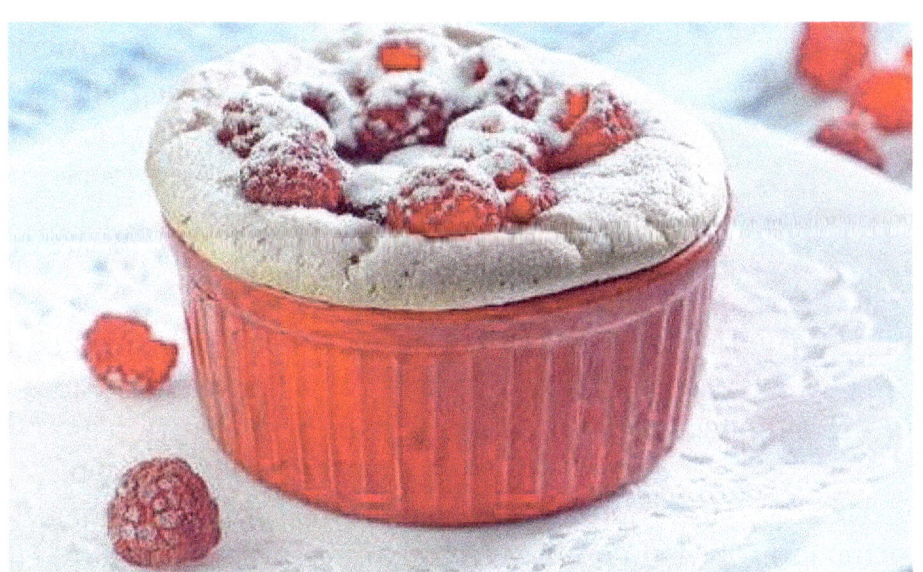

מכינה: 8 מנות

רכיבים:

- 20 אונקיות פטל; קָפוּא
- ¾ כוס סוכר
- ⅓ כוס; מים
- 6 ביצים; מופרד
- 2 כוסות שמנת להקצפה; מוּקצָף

a) על אש נמוכה, מבשלים פטל עד שהנוזלים כמעט נעלמים (בערך 15 דקות). מניחים בצד לצינון.
b) מערבבים סוכר ומים בסיר בינוני; מביאים לרתיחה ומרתיחים במהירות במשך 3 דקות עד לשלב הכדור הרך.
c) בקערת מיקסר קטנה מקציפים חלמונים עד לקבלת צבע סמיך וצבע לימון.
d) עם מיקסר במהירות בינונית, יוצקים לאט סירופ חם על חלמונים; מקציפים עד סמיך ובהיר.
e) מקפלים פנימה פטל. מקציפים חלבונים עד שנוצרים פסגות נוקשות. מקפלים לתערובת פטל.
f) מקפלים פנימה קצפת. הדביקו צווארונים עומדים בגודל 2 אינץ' של נייר אלומיניום סביב 8 צלחות או כוסות סופלה אישיות.
g) כף תערובת פטל פנימה, מילוי עד החלק העליון של הצווארון.
h) הַקפָּאָה. הסר את הצווארון להגשה. מקשטים בקצפת ופטל טרי.

98. סופלה הומיני

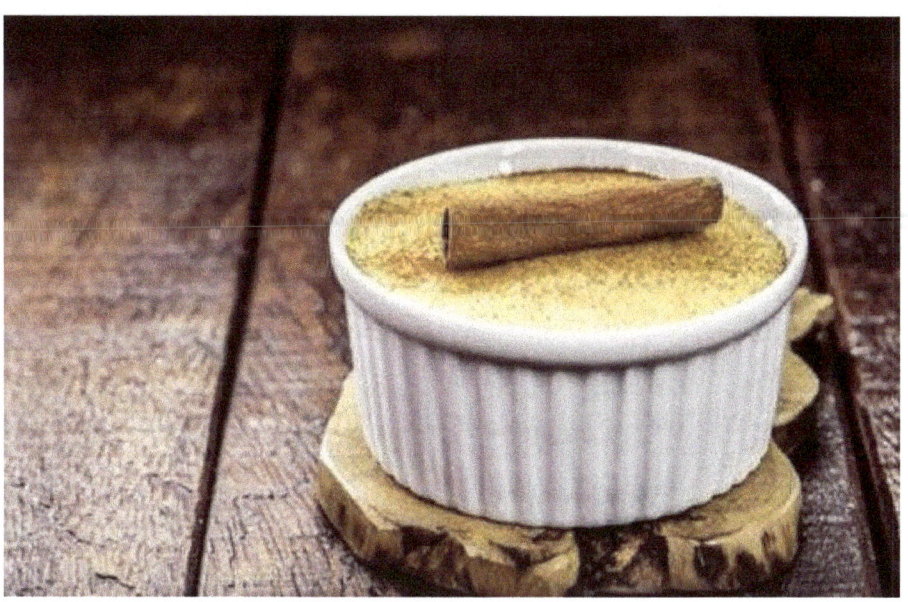

מכינה: 8 מנות

רכיבים:
1 כוס חלב
1 כוס מים
½ כוס גריסים הומיני
2 כפות חמאה, מומסת
¾ כפית מלח
3 ביצה, מופרדת, טרופה היטב
1. צורבים חלב ומים בחלק העליון של סיר כפול.

2. מוסיפים גריסים הומיני, תוך ערבוב עד להסמכה; לבשל שעה.

3. מגניב; מוסיפים חמאה, מלח וחלמונים, מערבבים היטב.

4. מקפלים פנימה בעדינות חלבונים טרופים בנוקשות.

יוצקים את התערובת לתוך תבשיל עם חמאה היטב; אופים ב-F'325 שחומם מראש. תנור 45 דקות.

99. סופלה תה יסמין עם גלידת למון גראס

מכינה: 6 מנות

רכיבים:

- ½ כוס עלי תה יסמין רופפים
- ¼ כוס עלי תה אולונג רופפים
- 1 כוס חלב
- 3 כוסות שמנת כבדה
- 2 גרגירי וניל מטהיטי; מפוצלים לאורך,
- וגרד
- ½ כוס דבש
- 10 ביצים; מופרד
- ½ כוס עמילן תירס
- ½ כוס סוכר; (4/1 כוס לחלמונים,
- ו-4/1 כוס ללבנים)
- 6 רמקינים עם חמאה ומסוכר של שש אונקיות -
- גלידת למון גראס

a) בסיר לא מגיב על אש נמוכה, מערבבים תה, שמנת, חלב ופולי/תרמילים וניל ומביאים לרתיחה. מבשלים במשך 20 דקות ואז מסירים את הכיריים ומניחים לתלול עוד 30 דקות.

b) מסננים את הנוזל המושרה ומחממים מחדש עם הדבש לרתיחה. בקערת נירוסטה טורפים יחד את 10 החלמונים, עמילן התירס ורבע כוס הסוכר. מטגנים את החלמונים על ידי הוספת מצקת של שמנת חמה לחלמונים. מערבבים היטב ואז מוסיפים את התערובת הממוזגת בחזרה לסיר.

c) על אש בינונית, מקציפים כל הזמן עד שהוא מסמיך ואז מבשלים עוד 3 עד 5 דקות.

d) יש להגיע למרקם קרם מאפה. מעבירים את הבסיס לתבנית קטנה של מלון, אוטמים בניילון נצמד ומכניסים למקרר. ניתן להכין בסיס 24 שעות מראש.

e) מחממים מראש מגש דפים בתנור של 375 מעלות. להקציף את החלבונים עם 1 כף סוכר במיקסר זקוף עם חיבור לקצף על איטי. תוך כ-8 עד 10 דקות יושגו פסגות רכות. מוסיפים את יתרת הסוכר ומקציפים במהירות גבוהה לשני התפרצויות של 5 שניות.

f) בקערת נירוסטה גדולה, מקציפים ביד את בסיס הקרם המצונן עד לקבלת תערובת חלקה. בעזרת מרית מקפלים פנימה בעדינות את החלבונים ביחס של 50/50 בנפח. עבדו מהר, אבל לא לערבב יתר על המידה.

g) הבסיס צריך להיות צבע הומוגני אחד. ממלאים רמקינים עד למעלה. זרוק כל אחד מגובה של 3 אינץ' כדי לפזר בועות לא רצויות.
h) מניחים על מגש תבנית מחומם ואופים במשך 12 דקות. לאחר 6 דקות הסופלה יתחילו לתפוח. בדוק את הסופלה העולה כדי לראות אם קצוות כלשהם נתפסים על שולי הרמקינים; במידת הצורך פתחו את דלת התנור ופורסים בזהירות את החלק הדביק עם סכין חיתוך.
i) הסופלה יתייצרו.
j) כאשר דפנות הסופלה מזהיבות (המפתח לכך שסופלה לא נופל הוא הדפנות הקריסיות והזהובות), מוציאים מהתנור ומפדרים את החלק העליון בסוכר קונדיטורים.
k) מגישים מיד עם כדור גלידת למון גראס.
l) לציפוי: מניחים סופלה על הצלחת. חותכים פתח בחלק העליון של הסופלה ומכניסים פנימה כדור גלידה.

100. תפוז - סופלה ביצים

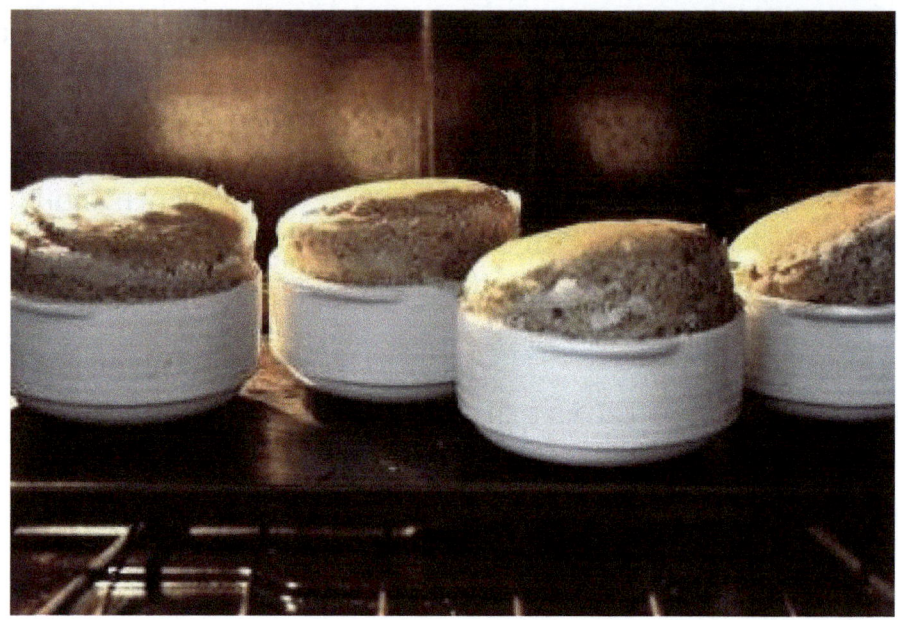

מכינה: 6 מנות

רכיבים:
- 2 מעטפות ג'לטין ללא טעם
- ¾ כוס סוכר, מחולק
- 8 אונקיות שוקולד חצי מתוק,
- קצוץ גס
- 2 כפיות רוטב רפרפת וניל
- קצפת
- שקדים קלויים
- ¼ כפית מלח
- 5 ביצים, מופרדות
- 1 כוס מים
- ¼ כוס מיץ תפוזים קפוא
- לְהִתְרַכֵּז
- 1 כפית קליפת תפוז מגוררת
- 2 כוסות ביצה
- 1 כף תמצית רום
- ¼ כפית קרם אבנית
- 2 כוסות שמנת להקצפה, מחולקת
- פרוסת תפוז

(a) מערבבים ג'לטין עם ¼ כוס הסוכר והמלח. מקציפים חלמונים עם מים ורכז מיץ תפוזים. מוסיפים לתערובת הג'לטין.

(b) מערבבים על אש נמוכה עד שהג'לטין נמס לחלוטין, 5 עד 8 דקות.

(c) מסירים מהאש.

(d) מוסיפים קליפת תפוז, ביצה ותמצית רום.

(e) מצננים, תוך ערבוב מדי פעם, עד שהתערובת מתגבשת מעט כשנופלים אותה מכפית.

(f) מקציפים חלבונים עם קרם טרטר לקצף; מוסיפים בהדרגה את יתרת הסוכר ומקציפים עד שנוצרות פסגות רכות.

(g) מקפלים פנימה תערובת ג'לטין. מקציפים 1½ כוסות מהשמנת עד שנוצרות פסגות רכות; מקפלים לתערובת הג'לטין.

(h) יוצקים לתוך 1 qt. צלחת סופלה עם צווארון. כדי ליצור צווארון, קורעים חתיכת נייר כסף בגודל 4 אינץ' ארוך יותר מהיקף הכלי. מקפלים אותו לשלישים לאורך. הניחו סביב החלק העליון של הכלי והדביקו אותו יחד כך שיתאים היטב.

(i) מצננים עד להתייצבות, לפחות 6 שעות. הסר את הצווארון.

(j) מקציפים את חצי כוס השמנת הנותרת לקצף יציב; מקשטים בקצפת ופרוסת תפוז.

סיכום

לסיכום, ספר הבישול של הסופלה הוא פריט חובה לכל מי שאוהב את הטעמים העדינים והטעימים של הסופלה. עם 100 מתכונים לבחירה, לעולם לא ייגמרו לך הרעיונות ליצירת יצירות סופלה חדשות ומרגשות. בין אם אתה שף ותיק או טבח מתחיל, ספר הבישול הזה נועד לעזור לך להכין את הסופלה המושלם בכל פעם.

אז למה לחכות? קבל את העותק שלך של ספר הבישול של הסופלה עוד היום והתחיל ליצור את הסופלה הכי שמימית שישאיר את האורחים שלך מתחננים לעוד!

Ingram Content Group UK Ltd.
Milton Keynes UK
UKHW020938020623
422772UK00006B/21

9 781835 005910